Le chamanisme
de Sibérie et d'Asie centrale

# シャーマニズム

シャルル・ステパノフ &
ティエリー・ザルコンヌ 著
中沢新一 監修
遠藤ゆかり 訳

「シャーマン」という言葉は、もともとシベリアに住む
エヴェンキ族の言語に由来し、ロシア語にとり入れられたあと、
1699 年にフランス語に導入された。彼または彼女は占い師であり、
治療を行なう医師であり、人間世界と精霊が住む目に見えない
世界の仲介者である。

知の再発見 双書 162 絵で読む世界文化史

Le chamanisme
de Sibérie et d'Asie centrale
by Charles Stépanoff et Thierry Zarcone
Copyright © Gallimard 2011
Japanese translation rights
arranged with Edition Gallimard
through Motovun Co.Ltd.

本書の日本語翻訳権は株式会社創元社が保持する。本書の全部ないし一部分をいかなる形においても複製、転載することを禁止する。

# 日本語版監修者序文

## シャーマニズム研究の新次元

### 中沢新一

---

　この本は小著ではあるけれども，意図するところはなかなかに大きい。この本を書いた若い2人の著者は，シャーマニズム研究の世界にいま起きている変化の本質を，できるだけ的確に理解し描き出そうとしている。彼らはそれによって，1970年代に世界中に広まっていったシャーマニズムの「ニューエイジ的理解」に引導を渡そうとしているのだ。そういう意味では，たとえサイズは小さいとは言えこの本は，シャーマニズム研究に新時代の幕開けを画そうとしているように見えるのである。

　シャーマニズムの現代的理解は，ルーマニア出身の宗教学者ミルチア・エリアーデの著した『シャーマニズム―エクスタシーの古代技術』から，決定的な影響を受けている。この本の原著がパリではじめて出版されたのは1950年のことであるが，1964年に英語訳がアメリカで出版されてから，急速に多くの読者を獲得するようになった。

　エリアーデはこの大著の中で，シャーマンを精神的探究者の「原型（アーケタイプ）」として描き出している。彼はその本の冒頭部でシャーマンのことを，精神的な病を体験してそれを自ら癒したものと定義している。深い精神の病を体験することによって，通常の人間が窺い知ることのできない心の深層領域をのぞき込むという体験を持ち，そののち病から癒えることによって正常の世界への帰還を果たすことのできた人間が

「シャーマン」として選び出される。そして，そういうタイプの人間を，病気の治療者としてまた未来に起こる事の予言者として大切に扱ってきた社会制度がシャーマニズムであり，そこには心の深層領域に入っていくための独特の精神技術や象徴の体系が発達している。エリアーデという宗教学者は，ユングと同じように，人類に普遍的な宗教の「原型」を探し出そうとしていた。彼はこの本で，そういうシャーマニズムの「原型構造」を取り出そうとしたのである。

こうしていったん宗教の「原型」としてのシャーマニズムが取り出されると，その後はいたるところでシャーマニズムが「発見」されるようになった。旧石器人がなにかの祭儀をおこなっていた洞窟が南フランスなどで相次いで発見され，その岩の壁面には杖を手にして倒れ込んでいる人物の像が描かれていたが，それはシャーマンであると見なされ，旧石器時代にすでにシャーマニズムが存在していた証拠であるとされた。そうやって見れば，聖書の中にもそれは見出されるし，ヨーガと呼ばれる精神技術に根ざす仏教もシャーマニズムから無縁ではないということになり，果てはダンテの『神曲』などもシャーマニズムによって創造された文学作品であると言われるようになった。このような考えはかならずしも間違っているものではないが，「トーテミズム」の場合と同じように，本質や事情の違うものまでも，なにもかもをいっしょくたにして呑み込んでしまう魔法のポケットのようなものに，「シャーマニズム」もなりかかってしまった。

その勢いで「原型」としてのシャーマニズムという考えは，1970年代の「ニューエ

イジ」と呼ばれる精神運動に，大きな影響を与えることになる。ニューエイジたちは自ら精神的な覚者たらんことを目指した。そのとき精神的探求者の「原型」としてのシャーマンの像が，大きく浮かび上がってきたのである。ニューエイジたちはアリゾナの砂漠に，インドやネパールに，自分たちの「師」を求めて旅に出ていった。そのときカスタネダの著作などとともに彼らのバイブルの一つとなったのが，エリアーデの著したその書物だった。

しかしニューエイジも歳をとる。それとともに20世紀の最後の半世紀には，国際政治の構造も経済システムも技術の水準も，大きい変化の時期を体験することになった。そしてその変化がシャーマニズム研究にも波及することになった。このときの大変化の原因の一つはソ連の崩壊という事件だったが，このことが直接的にシャーマニズム研究にドラスティックな変化をもたらすことになったのである。

もともとシャーマニズムが盛んにおこなわれていたのは，タジキスタンやトルクメニスタンのような中央アジアの諸地域と広大なシベリア世界であったが，そこはロシア革命によってソヴィエト連邦に組み込まれた。そのためにシャーマニズムの実践そのものが「反社会行為」として厳しい弾圧を受け，国内での研究にも圧力が加えられ，まして外国人のフィールドワークなどが自由におこなえる場所ではなくなってしまった。その地帯の多くが，ソ連の崩壊によってロシアの研究者にも外国の研究者にも，さらには現地人自らによる研究にも，自由に開かれるようになったのである。

共産主義のイデオロギーによって，長い抑圧の歴史を耐えてきたこれらの地帯の

人々の間に,「シャーマニズム復興運動」とも言うべきうねりが発生してきた。それはシャーマニズムの理解にも深い変化をつくりだすようになった。シャーマニズムはもはや個人的な精神の探求者にとって重要であるばかりではなく,地域の人々自身が自らの文化をこれから再興していく上での,指導原理と考えられるようになった。この地帯の人々の大半はイスラム教徒でもあるので,イスラム教の教えとシャーマニズムの合体を模索してきた「スーフィズム」の意義が,新しい光のもとで捉え直されるようになってきた。

ニューエイジ的なシャーマニズム理解では,個人の精神的探求の面が重要視されたが,21世紀の若い研究者たち（そこには外国からの研究者ばかりではなく,地元の知識人やシャーマン自身も含まれている）は,シャーマニズムがたんに個人の精神の内部で展開される精神の冒険であるばかりではなく,社会的価値を生み出すための「意味の源泉」であり,自然環境と一体となった「エコロジー技術」としての本質を持つものであることにも,注目が集まるようになってきている。シャーマニズムのうちに,深いエコロジーの感覚と知識の宝庫を見出し,夢やトランスを自然との対称性を回復するための手段として利用している技術を見出そうとするような視点が,そこには生まれはじめている。

シャーマニズムを主題にしているこの本は,同時に人類学の世界におこりはじめているそういう変化の兆しを伝えようとしている。シャーマニズム研究はいま確実に新しい次元に入っている。

オロチョン族の最後の
シャーマン 2000年没

ある家族と家屋の清めの儀礼を行なうシャーマン(トゥヴァ共和国,ロシア)2005年

ヒツジをいけにえにするシャーマン(バトシレート,モンゴル)

聖地を装飾する村人たち
(トゥヴァ共和国、ロシア)
2003年

# CONTENTS

第1章 **歴史のなかのシャーマニズム** ……… 15

第2章 **神話，人間，自然** ……… 37

第3章 **シャーマンの世界** ……… 55

第4章 **儀式：所作と象徴** ……… 71

第5章 **音楽と儀式道具** ……… 87

資料篇 ①シャーマンたちの証言 ……… 102
—シャーマンたちの実像— ②シャーマンの歌と祈り ……… 105
③旅行者たちの報告 ……… 111
④儀礼の様子 ……… 120
⑤抑圧の時代 ……… 126
⑥人類学者たちの見方 ……… 129

年表 ……… 134
INDEX ……… 136
出典（図版）……… 138
参考文献 ……… 141

# シャーマニズム

シャルル・ステパノフ／ティエリー・ザルコンヌ❖著
中沢新一❖監修

⇧アルタイ山脈のシャーマンの太鼓
ミヌシンスク博物館（ロシア）

「知の再発見」双書162
創元社

❖「シャーマン」という言葉は,もともとシベリアに住むエヴェンキ族の言語(エヴェンキ語)に由来し,ロシア語にとり入れられたあと,1699年にフランス語に導入された。彼または彼女たちは占い師であり,治療を行なう医師であり,人間世界と精霊が住む目に見えない世界の仲介者である。北アジアと中央アジアのシャーマンは,キリスト教,仏教,イスラム教と混合しながら社会のなかで生きのび,多くの宣教師,旅行者,学者たちを不安がらせると同時に魅了してきた。 ……………………………………………………

# 第 1 章

# 歴史のなかのシャーマニズム

〔左頁〕エヴェンキ族のシャーマン(20世紀初頭)——隣の木にかけられた小さな仮面は,彼の補助霊である先祖のシャーマンの顔

⇨カザフスタン〔中央アジア〕のイスラム教徒のシャーマン——ヴィオール〔弦楽器〕を使って精霊をよびよせている。

# 目に見えないものの専門家

シベリアと中央アジアには、「普通の人間」には見えないものを見て、それを自分のなかにとりこむことのできる非凡な人間たちが存在する。これらの男性、あるいは女性たちには、人間と目に見えない世界の関係をつかさどる役割が託されているのである。シベリアや中国のツングース族は、この非凡な人間を「シャーマン」とよんでいる。シャーマンという言葉は、その後ヨーロッパに入り、世界中に広まった。

その結果、アメリカ先住民、アフリカ人、オセアニア人、ヨーロッパ人が、自分たちの土地で魔術師、治療師、占い師、賢者と呼んでいた人びとを、シャーマンと呼ぶようになった。シャーマニズムの一般的なイメージをつくりあげたのは、「エクスタシー」という名の内的体験によってシャーマニズムを定義した、ミルチア・エリアーデの著書『シャーマニズム—エクスタシーの古代技術』(1950年)である。

現代の欧米では、シャーマニズムを霊的な側面からだけ見て、その源を人類の起源にまでさかのぼる傾向がある。そして自然と人間とのあるべき関係について多くの知恵や世界観をもつシャーマニズムは、一種の原始的な神学と認識されている。しかしそのようなとらえかたは、シャーマン自身の肉体や、儀礼用具とシャーマン自身の密接な関係が、シャーマニズムでは中心的な役割をはたしていることを無視している。

シャーマンが、自分たちの社会の外にいる人びとに向けて教義をつくることはない。シャーマンの儀礼は、諸存在間の力の差異に焦点をあてたもので、普遍的な宗教というより、その社会の独自宗教だといえる。

⇩ アヤフアスカ儀式を行なうシピボ族のシャーマン（ペルー、2003年）——アマゾン川流域のシャーマンは、何かを吸引したり吐きだすことで治療することが多く、そうすることで、自分の肉体が他界に開かれていることを示す。

アジアのシャーマンとは異なり、アマゾン川流域のシャーマンは、その職務を世襲によって継承することはめったになく、向精神物質やアヤフアスカのような催吐性物質を摂取することで、シャーマンとなる訓練を行なう。

シピボ族のシャーマンはタバコとアヤフアスカを摂取することで自分の肉体を浄化し、幻覚を見る能力を獲得する。

シャーマンがシベリアを起源としていることは、ときに忘れられてきた。しかし、20世紀に共産主義による抑圧が終わると、シベリアや中央アジア全域でシャーマニズムが復活し、シャーマンがシベリア起源だということも再発見された。

　目に見えないものの専門家であるシャーマンは、その地域で精霊と対話し交流できる唯一の人間である。華々しい儀

⇩シャーマン、ゾリグバータルとその妻（モンゴル、ウランバートル）——北アジアのシャーマンは向精神物質を嫌い、めったに摂取することはない。現代のモンゴル社会では、本物のシャーマンには世襲による「シャーマンの根」がなければならない、と考えられている。シャーマンは、立派な道具を使い、見事な身のこなしをすることで、誰の目にも精霊の存在が感じられるような技術をもっている。

礼のなかで、シャーマンは目に見えない精霊たちの言葉を表現するために自分の声を貸し、精霊たちがいる空間にみずから旅をする。戦士や騎手と同一視されることも多いアジアのシャーマンは、派手に飾られた立派な儀礼用具、武器、よろい、乗り物、鞭（むち）を使う。これらは必要不可欠なので、ソ連時代に破壊された結果、伝統を伝えることが困難になった。

　この点で、アジアのシャーマンは、アマゾン川流域のシャ

ーマンとはあきらかに異なる。アマゾン川流域のシャーマンは，向精神物質を摂取して夢や幻覚を見ることで，自分の内部に働きかける。それに対して，アジアのシャーマンには，精霊と対話する能力を外に向かって表現することが求められる。

中央アジアと北アジアのシャーマニズムの伝統は大きな統一性を保っているが，それは，アルタイ語系諸族（チュルク系諸族，モンゴル系諸族，ツングース系諸族）の遊牧民の血縁関係によるところが大きい。南シベリアやモンゴルに起源をもつ彼らは，移動と共に広がり，北極地方や地中海沿岸地方にまで達した。8世紀以降には，中央アジアにイスラム教が伝播したが，シャーマニズムが滅びることはなかった。その地域においてシャーマニズムは，イスラム教の神秘主義であるスーフィズムを取り入れて再編成された。

## シベリアとモンゴルのシャーマニズム

欧米では，シャーマンの儀礼は大昔の宗教の遺物とみなされることが多い。そのため，有史以前の芸術作品を現代のシャーマンの伝統と照らしあわせて説明する試みが，何度か行なわれてきた。しかし，細心な調査の結果，先史時代の絵は近代のシャーマンが儀礼時に使っていた象徴物とはほとんど類似点がないことがあきらかになっている。

文字による記録がないため，その足跡をたどることは非常に難しい。しかし，シャーマニズムにはたしかな歴史がある。とはいっても，想像以上に新しい歴史である。きわめて厳密な考古学的研究によると，北アジアのシャーマニズムは，儀礼を行

⇦オグラハティの岩面彫刻（ロシア，ハカス共和国，17～19世紀）──これまで古い時代のものと考えられてきたシャーマンの図像の多くが，現代のものであることが判明している。この岩面彫刻もそのひとつで，ハカス族のシャーマンの姿と太鼓が融合されている。

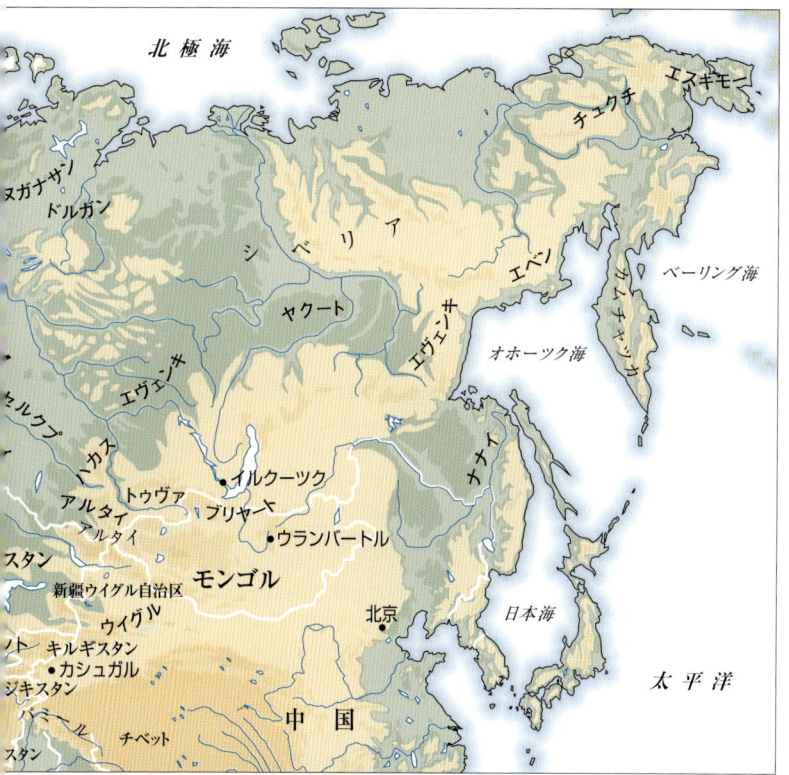

↑北アジアと中央アジアの地図——10世紀以前から、アルタイ語系諸族（チュルク系諸族、モンゴル系諸族、満州・ツングース系諸族）は、現在のモンゴルからシベリア、中央アジアに広がっていた。彼らは、世襲の職業シャーマンの発展に貢献した。

なう専門家を中心とした制度と定義すると、おそらく10世紀までに、チュルク系民族が住むアルタイ山脈で出現した。6世紀ころ、カザフスタンやエニセイ川上流域で、シャーマンを思わせる太鼓をもった人物像が岩面彫刻に姿をあらわした。しかし、確実にシャーマンといえる絵が描かれるのは、17世紀になってからのことである。

中世初期、チュルク系民族が群雄割拠していた「古代トルコ」時代の遊牧民のなかにシャーマンがいたことは、文書で確認できる。ビザンティン帝国の歴史家メナンドロスは、568年に、香をたき、太鼓をたたき、「熱狂して倒れこみ、悪霊を追いはらうかのように威嚇の言葉を口にする」魔術師

たちがいたと書いている。これらの行為は、近代のアルタイ山脈やサヤン山脈のシャーマンたちが行なっていた儀礼と、非常によく似ている。10世紀以前の中国のある年代記では、エニセイ川流域に住むキルギス族の魔術師が「カム」と呼ばれている。この言葉は、現在でも南シベリアで使われている。

　北アジアのシャーマンの起源をさかのぼると、昔から彼らはほかの地域からやってきた宗教と接触していた。「古代トルコ」時代の貴族階級は、インドから入ってきた仏教や中東起源のマニ教に、抵抗することなく改宗した。

　神々と直接交信することができ、強大な力を行使できると主張するシャーマンが、権力者から愛顧を受けることはめったになかったと思われる。歴史上の有名なエピソードが、そのことをよく物語っている。13世紀に、テムジンひきいるモンゴルの遊牧民が巨大な帝国をつくり、最盛期には朝鮮半島からポーランドまでを支配下におさめた。モンゴルの宮廷で、テムジンは大シャーマン（ベキ）のココチュからチンギス・カンの称号を授けられた。しかしまもなく、ココチュが自分の地位を脅かすライバルだと悟ったチンギス・カンは、ココ

⇧『1582年のエルマークのシベリア征服』（1895年）──攻撃を受けるタタール族のなかには、シャーマンたちの姿も見える。

チュを処刑したのである。

　13世紀にモンゴルを訪れたフランシスコ会修道士のギヨーム・ド・リュブリュキやヨハンネス・デ・プラノ・カルピニをはじめとするヨーロッパからの旅行者による記録は、モンゴルの宮廷におけるシャーマニズムの実情を伝えてくれる。

　それによると、シャーマンには「一種の司教」のような長がいて、彼は皇帝の住居の近くに住んでいる。シャーマンたちは家畜を祝福し、軍事遠征の前に助言を求められ、「古代トルコ」時代のように、けがれの処理を正式に受けもっている。報酬と引きかえに、彼らは浄化するものをふたつの火のあいだに通す。儀礼のあいだ彼らは太鼓をたたき、「熱狂」し、恍惚状態に陥る。すると、「暗闇のなかに悪魔がやってきて、魔術師が肉を食べさせると、魔術師の問いに悪魔が答える」と、リュブリュキは書いている。

　12世紀にモンゴル族に征服されたロシアは、16世紀になってようやく彼らの支配を脱した。その後、遊牧民を犠牲にしたロシア拡大の動きがはじまった。1581年に、エルマークひ

〔左頁〕「エクスタシー状態」で倒れた魔術師(16世紀の版画)――ルネサンス以降、ヨーロッパ人はシャーマニズムの存在を知った。1566年にスウェーデン人のオラウス・マグヌスは、「強力な魔力」をもつラップランド〔スカンディナヴィア半島最北部の地域〕の魔術師が、なくしたものを発見し、遠くにあるものを見て、「魔法がかけられた鉛の矢」を使って人を殺す、と報告している。

　さらに彼は、魔術師は銅製のカエルやヘビをもち、太鼓をたたき、呪文をとなえ、突然「エクスタシー状態」になって地面に倒れ、我に返ると、自分が見たものを依頼人に物語るとつづけている。

⇧『テレウト族のシャーマン』(19世紀の版画)——19世紀にシベリアを旅行したヨーロッパ人は誰もがシャーマンの儀礼を見たがったが、彼らの感想のほとんどが否定的なものだった。ヨーロッパ人には、シャーマンの儀礼が耳ざわりで恐ろしいものとしか、思えなかったからである。

この版画で、アルタイ山脈のテレウト族のシャーマンの儀礼を見ている旅行者は、両手で耳をふさいでいる。しかし19世紀末になると、宣教師たちは、テレウト族のシャーマンの歌がきわめて詩情に富んでいることに気づきはじめた。

きいるコサック軍は西シベリアの一部を治めていたイスラム教徒の君主クチュムを破った。以後、広大なシベリアを征服するにつれて、ロシア人はさまざまな民族や未知の風習を発見した。エルマークひきいるコサック軍は、自分の体にナイフをつきさし、自分の血を飲むシャーマンの派手な儀礼を目撃している。

17世紀以降、ロシアの君主たちは、信頼できる記述を集めようとした。中国大使として派遣されたエベルハルト・イスブランド・イデスとアダム・ブランドは、旅の途中で、トナカイを飼育することで生活していたエヴェンキ族のシャーマンによる儀礼を目撃している。「われわれは、くず鉄がついた、重さ200リーヴル〔約100キログラム〕以上もの服を着たシャーマンを見た。そのくず鉄は、クマ、ライオン、ヘビ、ドラゴン、そのほかたくさんの身の毛がよだつありとあらゆる種類の悪魔のような顔の形をしていた」

彼らの文章はすぐに何ヵ国語にも翻訳され、エヴェンキ語

に由来しトルコ語の「カム」と同系の「シャーマン」という言葉を, ヨーロッパの言語にもたらした。語源的に, エヴェンキ語の「サマン」は「踊る人, 飛びはねる人, 動きまわる人」を意味する。ヤクート族でシャーマンをさす「オジュン」も,「動くこと, 飛ぶこと」という言葉と関連している。モンゴル語では男性のシャーマンを「ボー」, 女性のシャーマンを「ウダガン」といって区別する。チュクチ族のシャーマンは「エネニリン」といい,「精霊をもつ人」という意味である。

## キリスト教や仏教との対決

18世紀にツァーリ〔ロシアの君主〕から派遣されたドイツ人探検家たち——メッサーシュミット, グメリン, ゲオルギ, パラス——は, シャーマンの活動の描写だけにとどまらず, 土地の住民が崇拝している神々, 儀礼の意味, さらには死後の魂の行方について, 実際に彼らに質問している。

⇩シベリアのシャーマン——この版画(1705年)は, ヨーロッパ人がシベリアのシャーマンについて描いたもっとも古い作品のひとつである。

エヴェンキ族の儀礼について語った旅行者のブランドとイスブランド・イデスの記述から着想を得たこの版画で, シャーマンは本物のシカの角とクマの脚をつけているが, もとの記述では, シャーマンは鉄製の象徴的な角と爪をつけていたと書かれている。

この架空の絵は, 有史以前にシャーマンの図像が岩面に彫刻されたという説が生まれるきっかけとなった。

Брацкая Шаманка со спины.
Eine Bratzkische Schamanka rückwärts
Chamane Bratsquiene par derrière.

第1章 歴史のなかのシャーマニズム

Шаманъ Камчатской.
Ein Schamann in Kamtschatka.
Devin de Kamtchatka.

「シャーマニズム」の概念は、1776年からサンクトペテルブルクで、アカデミー会員ヨハン・ゴットリーブ・ゲオルギによって出版された『ロシア帝国のあらゆる民族の描写』のなかに登場する。

見事な挿絵がちりばめられたこの著作は、17世紀末以降の探検家たちによって蓄積された知識をまとめた、ロシアの民族に関する百科事典である。挿絵の版画は、サンクトペテルブルクの人類学・民族学博物館に保管されている衣装を、正確に再現している。

「シャーマニズム」に関する章で、ゲオルギは、「不条理の混沌」のなかから、ひとつの「宗教制度」の名残、「基本的な概念ともっとも基礎となる儀礼」を識別しようと試みている。シャーマンの「儀礼用衣装」や「呪文をとなえる場面」の説明に加えて、シャーマニズムの宇宙論や自由意思と自然の理論も展開されている。ゲオルギは、シャーマニズムは自然発生的に生まれた宗教とユダヤ教が出会ったことで誕生したという、興味深い仮説を立てている。

左頁は、ブラーツク（ロシア）のシャーマンの後姿。左は、カムチャツカ（ロシア）の占い師（共に、18世紀の版画）

> SCHAMANS, f. m. pl. (*Hiſt. mod.*) c'eſt le nom que les habitans de Sibérie donnent à des impoſteurs, qui chez eux font les fonctions de prêtres, de jongleurs, de forciers & de médecins. Ces *ſchamans* prétendent avoir du crédit ſur le diable, qu'ils conſultent pour ſavoir l'avenir, pour la guériſon des maladies, & pour faire des tours qui paroiſſent ſurnaturels à un peuple ignorant & ſuperſtitieux : ils ſe

旅の途中で，合理的な思考の持ち主だったこれらの探検家たちは，シャーマンによる奇跡がまやかしにすぎないことを証明しようとした。まちがいなくペテンだと考えたグメリンは，ヤクート族の女性シャーマンに向かって，奇跡を起こしてみろといった。驚いたことに，その挑戦に応じた女性シャーマンは，自分の体に深々とナイフをつきさしたという。

啓蒙時代〔18世紀〕は，魔術が好まれなかった。フランスの啓蒙思想家ディドロとダランベールが編集した『百科全書』にはシャーマンの項目があるが，そこでは，シャーマンは「無知で迷信深い民衆」をだます貪欲な「詐欺師」と書かれている。1776年には，ゲオルギが収集した資料をもとに「シャーマニズム」の概念を創り出したが，それ以来シャーマニズムはロシアとのちのソ連の学者たちを困惑させるものだった。

シャーマニズムに対するロシアの政策は，一貫していなかった。ピョートル1世はシャーマンに関心をいだき，個人的な興味からシャーマンたちをサンクトペテルブルクに招き，彼らの儀礼用具を人類学・民族学博物館に保管させた。その一方で，彼は西シベリアのキリスト教化を推進し，そのために軍隊を使う許可を出している。

しかし，西シベリアでは形式的な洗礼が行なわれただけで，シャーマニズムは継続した。それに

⇧『百科全書』（18世紀）の「シャーマン」の項目

⇩イエス・キリストが描かれた銅製のお守り——20世紀初頭のエヴェンキ族のシャーマンがもっていたもの。このシャーマンは，イエス・キリストを天界の神々のひとりと考えていた。

第1章 歴史のなかのシャーマニズム

対して、ロシア当局はむしろ寛大な態度を示した。1822年に公布されたスペランスキー法典によって、シベリアの住民に宗教の自由が公式に認められ、シャーマンの迫害が禁じられた。シベリアでは、ロシアの地方行政官や、ギリシア正教の司祭たちでさえ、シャーマンに助言を求めに行くことがあった。

学識豊かな宣教師たちは、19世紀中ごろのシャーマンの儀礼や伝説をはじめて体系的に研究した。シャーマンのなかには、ロシア人のことを歌詞のなかにとりいれるものも出てきた。たとえば20世紀末、ヌガナサン族の大シャーマン、ツビアク・コステルキンは、ロシア人が崇拝していた聖ニコライや、大統領ミハイル・ゴルバチョフを、歌のなかに登場させている。

モンゴルと南シベリアでは、17世紀以降、改宗活動によって仏教が民衆のあいだに定着した。伝道僧はステップ(草原)を踏破し、シャーマンの儀礼用具を焼きはらった。

⇧モンゴルのツァム踊り(2003年)──チベット仏教の僧侶であるラマたちは、自分たちが活動する土地で、迷った魂を探しに行ったり、悪魔を追いはらうといった、シャーマンの儀礼をとりいれた仏教を人びとに提案することで、勢力を拡大することに成功した。モンゴルの貴族階級は、ラマたちに山岳信仰の大規模な儀礼を任せた。

一方、シャーマンのなかには、インド起源の神々や菩薩をとりいれて、自分たちの儀礼に道徳的な性格をあたえようとするものもいた。

# イスラム教と出会ったシャーマニズム

8世紀にアラブ人が中央アジアへイスラム教をもたらしたことで、この地域の宗教地図は一変した。その後数世紀にわたって、ペルシア人のサーマーン朝、さらには改宗したチュルク系諸族の君主たちが、軍事力によって、ロシア西部のヴォルガ川流域から中央アジア全域、南シベリア、中国南部にまでイスラム教を広めた。しかし、これらの地域のイスラム化は、ゆっくりと、時間的隔たりをもって行なわれた。マニ教、キリスト教、ゾロアスター教、仏教は衰退し、消滅した。

ティムール朝の時代、16世紀に、アジアとヨーロッパの境にあるコーカサス山脈からシルクロードまで、中央アジアの大半はイスラム教徒の支配下に入った。オアシス(ヒヴァ、ブハラ、サマルカンド、カシュガル、コーカンド)の定住民は、イスラム教をすぐにとりいれたが、ステップや山岳地帯(パミール高原や天山山脈)に住む民族は抵抗した。遊牧民は、昔からのアニミズムやシャーマニズムに固執した。たとえば、

↑中央アジアのディヴァナ(ディヴァナが描かれている唯一の絵)——ディヴァナは、イスラム神秘主義とシャーマニズムの混合を具体化した存在である。白鳥の羽根がついた縁なし帽をかぶり、精霊と戦うために使う儀礼用の杖をもっていることで、ディヴァナだということがわかる。

第1章 歴史のなかのシャーマニズム

キルギス族が住むパミール高原北部は、18世紀にふたたび、カシュガルのオアシスに住むチュルク系民族からイスラム化の標的とされた。カザフ族が住むステップでも、事情は同じだった。

イスラム化は、おもに自分たちの神秘主義的な理想を聖戦と結びつけているスーフィー（イスラム神秘主義者）たちの仕事だった。11世紀から18世紀まで、彼らはチュルク系諸族やモンゴル系諸族の君主たちをイスラム教に改宗させる役割を担った。ある年代記作者は、「以後、このステップの地方では、祈りの声がシャーマンの歌にとってかわった」と書きしるしている。また、スーフィーとシャーマンが直接対決したり、魔術を競ったりした記録もある。さらに、17世紀には南シベリアにも、イスラム教とスーフィズムがもたらされた。

〔左頁下〕キルギスタンの裕福な一家——ゲル（移動式住居）は、ステップ（草原）や、中央アジアの山岳地帯に住む遊牧民の伝統的な住居である。

↑カラクル湖とムスターグ・アタ峰（中国）——キルギス族がそのふもとで夏を過ごすムスターグ・アタ峰は、仏教徒にとっても、シャーマニズムの信奉者にとっても、イスラム教徒にとっても、聖なる山である。キルギス族に伝わる仏教の伝説によると、ムスターグ・アタ峰の頂には、神々が住む楽園があるという。

# 「イスラム化した」シャーマニズム

　共同体の宗教としてのシャーマニズムは、姿を消さざるをえなかった。いくつかの一神教が黙認されたのとは異なり、シャーマニズムは異教徒的だという理由で、イスラム教に排除されたからである。

　しかし実際には、シャーマニズムの複数の要素がイスラム教、より正確にはスーフィズムに組みこまれた。イスラム化の過程で、中央アジアの人びとは、イスラム教とスーフィズムを同じものだととらえていた。土地の古い宗教や、実際に実践されてはいるが衰退しつつあった宗教、とくにゾロアスター教も、一緒に組みこまれた。

　シャーマニズムとスーフィズムの混合（シンクレティズム）は、イスラム教側からの多少とも精力的な働きかけによって、

⇩踊るシャーマンたち——14世紀末にトルクメン族のムハンマド・スィヤフ・カラムが、中央アジアのモンゴルのシャーマンを描いたと思われるこの絵からわかるように、イスラム化したシャーマンたちによる儀礼のなかには、円を描く動きや飛びはねる動きなど、踊りに似た動きが見られる。その動きは、普通、シカやラクダなどの動物、ツルやサギなどの鳥を手本にしたものである。

第1章 歴史のなかのシャーマニズム

数世紀をかけてさまざまな形で完成した。一般的に、この混合は、シャーマニズムをいったん排除したあと、そこにイスラム教を導入し、その後、シャーマニズムのふたつの役割である治療と占いを、イスラム教の祈祷と儀礼に調和させる方法で行なわれた。

混合の過程で、イスラム教とシャーマニズムの類似点が研究された。たとえば、スーフィーの連祷〔交互にかわす連続の祈り〕と、シャーマンが精霊の加護を求める祈り、スーフィーの神秘的な踊りと、シャーマンの大げさな身ぶり、イスラム教の聖人とシャーマニズムの精霊などである。その上で、スーフィズムの象徴や実践が解釈しなおされた。たとえば、神の名をくりかえしとなえるイスラム教のズィクルは、もっぱら魔術的な性質をもつ呪文となり、神を賛美する本来の役割を失った。

やがて、スーフィーであると同時にシャーマンで、吟遊詩人かつ占い師で、治療師でもある人物の絵が描かれるようになった。このような人物は中央アジアの口伝に登場するだけで、文字で書かれた年代記にも、イスラム教の異端を説明した文書にも出てこない。そのため、これが史実だったと証明することは、不可能とはいわないまでも、非常に難しい。とはいえ、このような人物は、古い宗教を象徴するものが新しい宗教を象徴するものと一緒になった世界で活躍する、イスラム教徒の物語が展開される叙事詩のなかで、重要な位置をしめていることが多い。

*イスラム化したシャーマン*

↓中央アジアで見られる、折りかえしのついたフェルト帽をかぶったダルヴィーシュ〔イスラム神秘主義者〕——17世紀末にオスマン帝国で制作されたこの版画で、ダルヴィーシュは、シベリアのシャーマンがもっている馬の頭の装飾がほどこされた杖からあきらかに着想を得た杖を手にしている。

は、とくに「バクシ」という名前で知られている。これは中国起源の言葉で、仏教の僧侶と官僚を意味していた。13世紀に、イラン、小アジア、イラクを征服したモンゴルのイルハン朝で、イスラム教徒はこの言葉を導入したと考えられる。そのほかにも、シャーマンを意味する言葉はいくつもあり、それぞれ、治療師の役割、占い師の役割、精霊をよびよせる技術などを強調した名称になっている。

同じように、シャーマニズムの思想と実践は、イスラム教に改宗したチュルク系諸族によって、地中海沿岸地方や東ヨーロッパにまで広まった。しかし、中央アジアで行なわれていた大がかりな治療儀礼は、これらの地域にはもたらされなかった。シャーマニズムは、アナトリア（小アジア）の吟遊詩人や音楽家たちの技術、あるいは非正統派のスーフィー教団（アレヴィー・ベクタシー教団）、火が儀礼の重要な位置をしめていたため「暖炉」と呼ばれていた治療師の同業組合にだけ、その痕跡を残した。このイスラム化したシャーマンに関する最初の正確な資料は、ヨーロッパ人旅行者たち、とくにロシア人旅行者によってもたらされた。彼

⇧タシケント（ウズベキスタン）の伝統的な家屋の中庭に集まったカランダルたち（20世紀初頭）──イスラム法で軽んじられている放浪生活を送るカランダルのグループは、シャーマンたちと親しい関係にある。カランダルたちは独身で共同生活を営み、托鉢したり、占いをしたり、お守りをつくったり、祈りで病人を治している。左は、托鉢用の大きなひょうたんをもつカランダルたち。

第1章 歴史のなかのシャーマニズム

らは17世紀以降にはカザフ族が住むステップを，19世紀以降には中央アジアを旅行した。

1832年に出版されたアレクシス・ド・レヴチンの『キルギス＝カザフの遊牧民とステップの描写』は，カザフ族のバクシが行なっていた複雑な儀礼をはじめて詳細に記したものである。その10年後，軍人のハニコフは，ウズベキスタンのブハラで，火を中心に置いた儀礼で女性シャーマンたちが病人を治療していたと書きしるしている。この儀礼は，あきらかにモンゴルのシャーマンの儀礼から着想を得たものである。

**カ**ランダルの多くが，いろいろな色の布で継ぎをあてた上着を身につけている。これは清貧の象徴で，初期のシャーマン，ブルクト・ディヴァナがこのような上着を着ていたとされている。さらにカランダルは，幅広の帯をしめているが，この帯は，トルクメニスタンやアフガニスタンで行なわれる儀礼からとりいれられた，帯を巻きつけるシャーマンの認定儀礼を思いおこさせる。

## 迫害と復活

　土着の文化を解放し,植民地主義を終わらせ,信仰の自由を認めると宣言したにもかかわらず,ソ連政府は早くも1920年代から,シベリアのシャーマンを徹底的に迫害した。大勢のシャーマンを処刑したばかりでなく,ソ連政府は,シベリアの住民たちに,シャーマンの口伝は「原始的」で恥ずべきものだという考えを植えつけ,若い世代に継承させないようにした。

　いくつかの地方では,シャーマニズムは完全に消滅したが,ほかの地方では,ソ連崩壊後,まったく新しい形でふたたび姿をあらわした。南シベリアのトゥヴァでは,1990年代に,シャーマンたちが集まって団体をつくり,都市に集会所を設けて,大半が都市住民となった人びとの要求にこたえるようになった。

　人びとは集会所にやってきて,商売をはじめる前や配偶者を選ぶ前にシャーマンに占ってもらったり,悪運を追いはらうために自分の身を清めてもらう。シャーマンたちは,以前のように人びとから招かれて,悪魔ばらいをしたり,迷った魂を探しにいったり,追悼儀礼を行なったり,山や泉の精霊に集団で供物を捧げている。シャーマニズムの制度は刷新されたが,シャーマンの姿や活動は,多くの場合,ソ連時代になる前の伝統的なものと変わらない。

↑クラーク〔富農〕とシャーマンに反対するポスター(1931年) ──「労働者たちに選ばれたものたち,シャーマンとクラークを見逃すな!」

　当時のロシアは,シャーマンに対する概念の転換期で,シャーマンはもはやロマン主義的な過去の遺物ではなく,搾取者の「クラーク」の味方についた危険な存在とみなされるようになった。

ソ連を構成する中央アジアの共和国では、イスラム化したシャーマニズムは、近代化と「啓蒙的な」イスラム教の名のもとに攻撃を受けた。たとえば、1943年にウズベキスタンのタシケントで創設された精神指導局は、シャーマニズムを迷信的な慣行にすぎないと断じた。中国の新疆ウイグル自治区では1949年以降、毛沢東主義者たちによって、似たような政策がとられた。

しかし、イスラム化したシャーマニズムは秘密裏に存続し、ソ連崩壊後に、ふたたび姿をあらわした。1991年以降、ウズベキスタンではシャーマニズムがある程度黙認されているが、公式には根絶運動がつづいている。タジキスタンでは2008年に、シャーマニズムが禁止された。さらに、中央アジア全域に浸透したイスラム過激派が、シャーマニズムとの終わりなき戦争に力を注いでいる。

それに対して、カザフスタンではシャーマニズムを民族的価値、アイデンティティーのしるしとみなし、シャーマンの技術は医療機関でも尊重されている。

市場社会が到来すると、北アジアでは、魔術に対する非難が激しくなった。こんにち人びとは、自分の不幸の原因が、悪霊よりも、隣人や同僚や義理の両親にあると考えている。そのため、現代のトゥヴァのシャーマンは「浄化」や「悪運を相手に送りかえす」儀礼を行なっている（左頁下）。

モンゴルでは、国をあげたチンギス・カン〔モンゴル帝国の初代皇帝〕崇拝と融合した、新しい都市シャーマニズムが発展している。

上はウランバートル（モンゴル）のゲルの前に立つシャーマン（2009年）

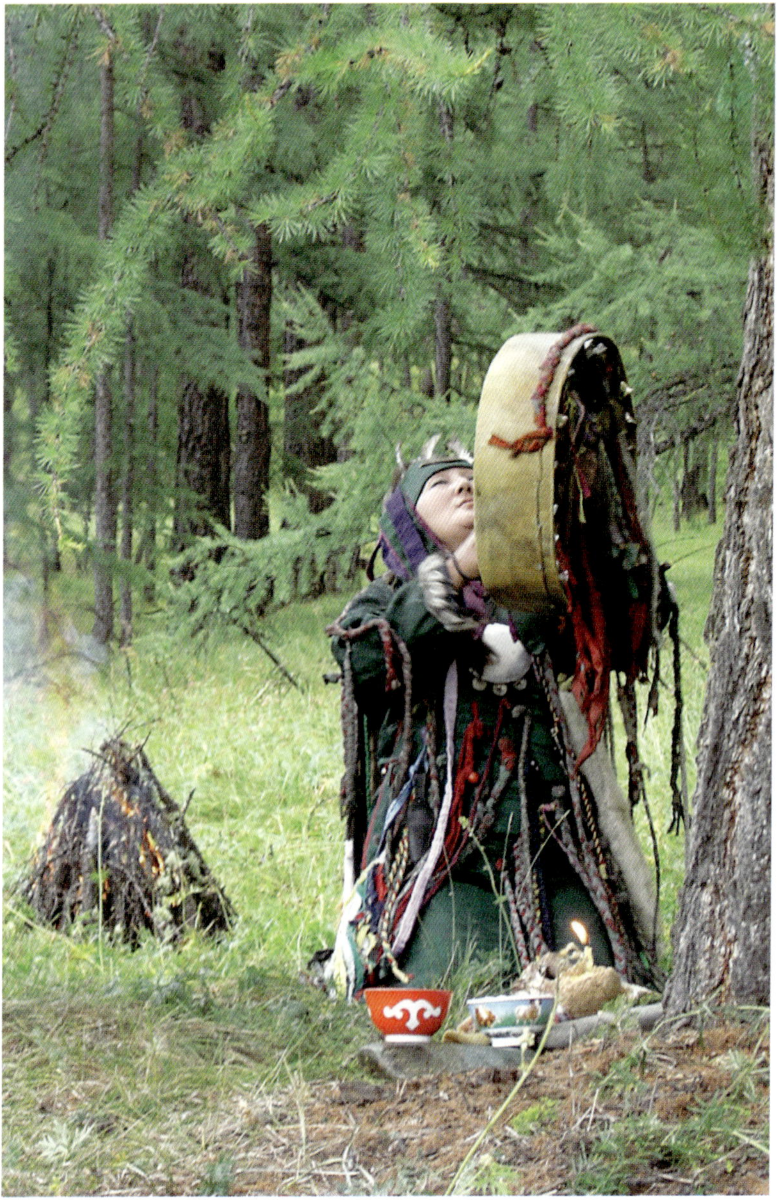

❖ いくつもの神話が,「最初のシャーマン」は神々や精霊たちのお気に入りだったと説いている。現実にはシャーマンは,その役割を世襲によって継承するが,予期しない出来事や,あるいは個人的な選択によって引きつぐこともある。シャーマンは,夢を見たり,重い病気になったことをきっかけに自分の使命を見いだすことが多い。人間のほかに,特別な動物や植物のなかには,シャーマンと同等にみなされるものもある。シャーマニズムの「聖地」は,豊かな自然がある場所や霊廟に集中している。 ……………………………

# 第 2 章

# 神 話, 人 間, 自 然

〔左頁〕カラマツを神聖化するトゥヴァのシャーマン（2006年）──ある一家のために,富の象徴であるカラマツを神聖化するシャーマンは,供えられた食物のそばにひざまずき,この木の精霊におりてきてもらうよう,天界に懇願している。

⇨アルタイ族の太鼓
（1881年の版画）

# 最初のシャーマンに関する,シベリアと中央アジアの神話

　神話のなかでは,シャーマニズムの起源は人間と精霊が恋に落ちたことだとされる場合が多い。ブリヤート族の神話では,東の空の神の孫であるシャーマンのワシが,シャーマンの力を人間に伝えるため,地上に送られた。ワシは木の下に横たわっていた女性を見つけ,彼女と交わった。その結果,息子のメルゲン=ハラ(「黒い熟練者」の意味)が生まれ,彼が最初のシャーマンとなった。

　現代のトゥヴァのシャーマンによれば,彼らの系譜のはじまりは,スメステイという名前の飢え死にしかけていた貧しい男だったという。万策つきた彼は,人間が立ち入ることを禁じられていた山に入った。そこで彼は,その山の主である美しい女性の精霊と出会った。彼をあわれんだ精霊は,空を飛ぶ魔術が使える力をあたえた。彼は裕福で,権力をもつシャーマンになった。しかし実際には,シャーマンとして認められるためには,精霊と奇跡的な出会いをするだけでは不十分

↓ブリヤート族の聖地,バイカル湖(シベリア)のオリホン島——19世紀にこの地域でまとめられた伝説によると,オリホン島の主である精霊ハン=フタ=ノイオンは,空の神エセゲ・マランの息子だという。地上におりた彼は,オリホン島の洞窟に住み,東の空の神の娘を妻にして,シャーマニズムの創始者のワシである息子をもうけた。

　ふたりを崇拝するブリヤート族は,オリホン島の主にはメスの馬とメスのヒツジを,息子のワシにはエゾライチョウとクロライチョウを,いけにえとして捧げてきた。

で，多くの場合，生まれながらに備えている個人的な資質を示す必要がある。

イスラム圏の中央アジアでは，トルコ語で書かれた叙事詩体の物語で，アニミズムやシャーマニズムの伝統とイスラム教が結びつけられている。この物語では，最初のシャーマンに関する複数の神話のなかで，英雄，吟遊詩人，シャーマンが，同一人物として示されている。

神話の中心的人物はコルクト・アタで，彼はトルクメニスタンとカザフスタンのステップにおける最初のシャーマンとされている。彼の名前がつけられた『デデ・コルクトの書』は，トルコ語で書かれたもっとも古い叙事詩体の物語で，おそらく9世紀から11世紀のあいだにまとめられたもので，16世紀の写本が現存する。コルクトは架空の人物で，イスラム化の英雄であると同時に，イスラム教徒の君主たちの顧問で，天候，とくに雨を意のままにする魔術師で，シベリアのシャーマンのように天界に行って魂たちを解放し，「隠された世界のようすを伝える」人物である。

また伝説によると，彼はイスラム教の預言者ムハンマドの「教友」に近いグループの一員だったという。さらに，精霊からあたえられたコブズ〔弦楽器〕の名手だったばかりか，リュート〔弦楽器〕にも秀でていた彼は，音楽家の守護聖人でもある。

ブルクト・ディヴァナという名前でも知られるコルクトは，スーフィズム（イスラム神秘主義）とも関連がある。中央アジアでは，ディヴァナ（「熱狂的な人」の意味）という異名は，放浪生活を送るスーフィーにあたえられるものだからである。

もうひとりの架空の人物に，16世紀末にアジアとヨーロッパの境にあるコーカサス山脈で登場し，その後中央アジア全域で有名になったキョロールがいる。アゼルバイジャン〔コーカサス

第2章　神話、人間、自然

⇩コルクト・アタの彫像
——ソ連崩壊後すぐ，トルクメン族は，音楽家と吟遊詩人の守護聖人であるコルクト・アタの像を，彼の霊廟があったシル・ダリヤ川沿岸に建てた。アラル海〔カザフスタンとウズベキスタンにまたがる塩湖〕近くにあったその霊廟は，19世紀末に河川の氾濫で崩壊した。

山脈の南の地方〕版「キョロール叙事詩」によると、キョロールは放浪生活を送るリュート奏者で、3日3晩、リュートを演奏し、祈りを捧げることで、ジン〔イスラム教の伝説的な精霊〕にとりつかれた馬を治療したという。

アナトリア(小アジア)版「キョロール叙事詩」によると、キョロールはほかの叙事詩のどの英雄よりも完璧に、シャーマニズムとスーフィズムの混合を体現した人物である。この作品で彼は、イスラム教の聖職者、シャーマンに相当するジンの統率者、スーフィーの別名であるダルヴィーシュ、吟遊詩人として姿をあらわす。彼の衣装は放浪生活を送るカランダル・ダルヴィーシュを思わせるが、彼は病人を治す治療師で、ジンの助けを借りて、リュートを奏でながら、彼自身の霊感の強さで、なくしたものやいなくなった人を探しだす。

イスラム教の預言者ムハンマドの娘であるファーティマを、中国のウイグル族はシャーマンの守護聖人とみなしている。

⇧ムハンマドと夫アリーのあいだに立つファーティマ——ウイグル族の伝説によると、ファーティマが病気になったとき、彼女の父でイスラム教の預言者ムハンマドは、大天使ガブリエルの翼に乗って第4天へ行き、大勢の精霊を連れて戻ってきた。精霊たちはファーティマのそばに柱を立て、そのまわりで輪になって踊り、太鼓をたたいて、彼女の病気を治した。

この伝説の別バージョンによれば、ファーティマはみずから柱のまわりをまわりながら踊り、自分自身で病気を治し、シャーマンになったという。

アナトリアでは、ファーティマは治療師の同業組合の長として知られている。ウイグル族では、シャーマニズムの伝統とイスラム教の聖典コーランの伝統が見事に融合した儀礼の手本がつくられ、新疆ウイグル自治区やイランのトルクメニスタンで、シャーマンたちに用いられている。

## 世襲によって職務を継承するシャーマン

どのようにして、シャーマンになるのか。欧米人が発するこの問いは、北アジアの人にとって意味をもたないことが多い。ほとんどの場合、人はシャーマンに「なる」のではなく、一般的には世襲によって、シャーマンとして「生まれる」からだ。精霊と親密な関係を結んでいても、それだけで自動的にシャーマンになるわけではないのである。

たとえば、気の狂った人や病人も、彼らを選んだ精霊にと

◻ **中央アジアのカランダル・ダルヴィーシュ**（1791年のデッサン）——アナトリア版「キョロール叙事詩」（16世紀）によると、キョロールはカランダル・ダルヴィーシュの象徴的な格好をしていた。中央アジアの遊牧民特有の円錐形の細長い帽子をかぶり、椀（なぜなら、カランダルは托鉢をして生活するからである）、放浪生活を送る神秘主義者に欠かせない杖（古代イスラエルの指導者モーセの奇跡の杖とシャーマンの杖から着想を得たもの）、イスラム教徒にとってもスーフィーにとってもきわめて重要な儀礼用具として、祈りと瞑想のときに使われる1999個の玉でできた数珠をもっていた。

中央アジアとアナトリアのカランダル・ダルヴィーシュは、ヨーロッパの挿絵画家によって、このような姿で描かれることが多い。

ロシアの人類学者バシロフは、1975年にウズベキスタンで、詩人でカランダルを自称する女性シャーマンに出会った。このシャーマンは治療時にキョロール叙事詩を読みあげたが、彼女によれば、この詩は精霊から教えられたのだという。

りつかれていると考えられている。シャーマンはそうした人びととは異なり、肉体的な資質によって精霊を知覚することができ、運命によって目に見えないものの世界にいたることができる存在なのである。

生まれながらのシャーマンは、典型的な筋書きをたどる。出生時からすでに、普通ではない姿を見せる。胎児をつつむ胞衣(えな)をかぶった状態で生まれ、あざなどの肉体的なしるしをもち、巻き毛だったり、あるいはゆりかごのなかで寝返りを打ったりする。これらの特徴は、この子どもが特異な人間として生まれたと解釈される。

幼少期には、非凡な才能を示す。見えないものを見て、未来をあてる。青春期には、激しく苦しい試練を経験する。錯乱状態になり、森に逃走する。典型的な夢を見る。それは、チュルク系民族の場合、鍋のなかでゆでられ、見知らぬ人びとに刻まれ、体のなかに「余分な骨」がないかを探られる夢である。骨が見つかると、それは夢を見ている人にシャーマンの能力があることを意味する。

事実、シベリアのチュルク系民族、ヌガナサン族、エヴェンキ族では、シャーマンは白くて軽い特別な骨格をしているか、余分な骨をもっていると考えられている。アルタイ山脈やサヤン山脈では、6本目の指、出っ歯、足の骨の隆起などが、

⇧アルタイ族の太鼓——この太鼓には、シャーマンと先祖の関係が示されている。木製の柄には先祖の顔が彫刻され、胴の部分には小さな子孫が刻まれている(右)。両腕は、横にわたした金属製の棒で表現されている。この棒は、先祖の太鼓の一部からとられたものである。これ以外の部分は、新しい材料でできている。太鼓内部のこの世襲構造は、膜の両側の図柄にも反映されている。

外側の面(左)では、先祖の肉体が宇宙として描かれている。頭は天体のひとつで、肋骨は虹、その上では精霊の娘たちが踊り、下では先祖の保護のもと、太鼓を手にしたシャーマンが馬の犠牲儀礼を行なっている。

042

この骨のあらわれとされている。現代のハカス族のシャーマンは、X線写真でこのような骨があることを証明できると、みずから進んで断言している。

これらのしるしをもとに、一族によってシャーマンの資質が認められた若者は、普通は最初、自分の役割を頑固に拒否する。そこで、経験豊かなシャーマンが招かれ、一族の要望をもとに、その若者が生まれながらにシャーマンの資質をもっており、現在、若者を苦しめているのは先祖たちにほかならないことを説明する。そして、人が先祖との関係を断ちきることはできないと諭す。若者がその言葉に従い、運命を受けいれると、招かれたシャーマンのもとで、新しい自分の役割について短い研修を受ける。

誰もが口々に、試練のあいだに若者が経験した苦しみはこのときに終わる、といっている。これは、新しい視野で物事

⇩ティモフェイ・ステパノフ『解体』——現代のヤクート族の画家が描いたこの絵のように、シベリアでは、幻影のなかで精霊たちによって自分の肉体が刻まれる様子を見るという体験によって、シャーマンとしてのアイデンティティーを見いだすケースが多い。

このような精神的経験をすることによって、シャーマンとなる人間は自分自身を外側から見て、思考のなかで自分の人格を遊離させることを学ぶのである。

を見ることができるようになった事実を意味している。自分が普通ではないことを，若者は以後，運命として受けいれ，自分を苦しめていた幻影に距離を置くことができ，儀礼を行なうときにだけ呼びだすことができるようになる。

イスラム圏の中央アジアでも，一般的にシャーマンは世襲である。未来のシャーマンは，シャーマンである父親か母親か親族から，普通は彼らが死ぬ直前か死後に，その職務を継承する。死後に引きつぐ場合，死者の精霊，あるいは死者を補佐していた精霊たちが，新しくシャーマンとして選ばれた人を，夢のなかか病気を通して手ほどきする。選ばれた人がこの役割を引きうけることを拒否した場合，精霊たちは彼を苦しめつづける。たとえば，亡くなったカザフ族のシャーマンのヴィオール〔弦楽器〕が空中を飛び，自分の跡を継ごうとしない息子の顔にぶつかったという話がある。

## 予期しない出来事，あるいは個人的な選択によって，職務を継承するシャーマン

シベリアでは，世襲による生まれながらのシャーマンが圧倒的な数をしめているが，全員がそうというわけではない。

▷ 悪魔たち（スィヤフ・カラムのものとされるデッサン，14～15世紀）——このデッサンは，イラン北部に位置するトルクメニスタンのステップ（草原）における信仰や民間伝承を教えてくれる，唯一の証拠である。「モンゴルの平和」〔モンゴル帝国の支配によって平和がもたらされた時代〕は，アジアの主要な隊商路における安全を確立し，イランと中国を直接接触させ，13世紀以降，東西の思想と技術を融合させた。

スィヤフ・カラムは，この時代を象徴する人物である。彼はペルシアの画風を残しながらも，中国の画風をとりいれ，独自の様式をつくった。彼が起源となったトルクメニスタン画派は，アゼルバイジャンのタブリスで発展することになる。彼と彼の弟子たちが好んで描いた主題は，椀と杖を手にして放浪生活を送るグロテスクな顔をしたダルヴィーシュ，大げさな身ぶりをするシャーマン，踊ったり，人間と戦ったり，リュート〔弦楽器〕や太鼓やヴィオール〔弦楽器〕を演奏する精霊や悪魔など，目に見えない世界の存在だった。

上の絵で悪魔たちが足かせをはめられていることは，彼らは人間，おそらくシャーマンの奴隷であることを意味している。

なんらかの出来事、あるいは修業によってシャーマンになることもできる。シベリアのチュルク系民族は、大地や水の精霊が、シャーマンの先祖がいない人をシャーマンにすることを認めている。しかし、これらのシャーマンは能力が劣っているとみなされたり、にせものだとされることも多い。

チュクチ族では、水に溺れかかったり、吹雪に遭遇して奇跡的に助かった人は、精霊に助けられたとみなされ、シャーマンになることができると考えられる。しかし、個人的資質を備えている場合だけである。

生まれながらのシャーマンが圧倒的な数をしめていることから、それ以外の人がシャーマンとしての技術を学ぶ機会は非常に限られていたり、その機会があたえられないこともある。ネネツ族では、経験豊かなシャーマンが技術を伝授するのは、たいてい一晩だけである。これは、教義の伝達に重点を置く仏教やイスラム教の影響によるもので、一晩で技術を会得できない場合、シャーマンになることはできない。

シベリアと同じく、イスラム圏のアジアでも、特別な出来事のあと、精霊に呼びかけられたり、選ばれることによって、シャーマンになることがある。たとえば、意識を失って倒れたあと、精霊と接触するケースである。

精霊に選ばれたことは、普通は病気の形であきらかになる。

⇩豚の犠牲儀礼を説明した、満州族の挿絵入り手引書の版画（1771年）——17世紀に満州族が中国を支配するようになると、北京の宮廷で、満州族のシャーマンは、一種の世襲聖職者となった。

1778年に乾隆帝は、中国文化のなかで消滅しつつあった満州族の遺産を守るため、口伝を典礼書としてまとめさせた。彼は、こう書きしるしている。
「シャーマンが口にする言葉、犠牲儀礼のために定められた言葉が、今後忘れさせられないようにするためには、どうしたらよいか。（略）このような不都合を避けるため、われわれは宮廷のシャーマンが使っているすべての言葉や祈りを書きうつさせ、入念に調べさせた」

精霊は，病人の幻覚や夢のなかで，象徴的なメッセージを伝える。病人は，自分の意思にかかわらず，すでに精霊が自分をシャーマンにしようと決めていることを知る。自分の病気は通常の病気ではなく，治りたければみずからシャーマンになるしかなく，シャーマンにならなければ，一生病気のままであることを悟る。精霊は病人に治療方法を教えるが，それはシャーマンの入門儀礼も兼ねている。

　また，シャーマンとして選ばれた人の近親者が病気になることもある。配偶者や子どもを病気にすることで，シャーマンになる決意をうながすためである。

　さらに，精霊から呼びかけられたり，選ばれることがなくても，シャーマンになりたいイスラム教徒は，夢のなかでみずから精霊と接触し，精霊の同意が得られれば，シャーマンになることができる。一般的には，死者の魂と精霊が宿っているイスラム教の聖人の墓で眠ることで，実現される。精霊の同意が得られれば，別のシャーマンが，治療儀礼の詳細なやり方，太鼓やコブズの演奏方法，鞭(むち)，ナイフ，数珠(じゅず)などの取り扱い方を説明し，精霊に加護を求める歌や精霊に捧げる祈りを教える。

## シャーマンの開かれた肉体

　シャーマンの肉体は，儀礼の中心である。なぜなら，シャーマンの肉体があってはじめて精霊は形をもち，触れることができるようになるからである。つまり，シャーマンの肉体を通して，人間は精霊と交流することになる。

　そういうわけで，シャーマンにはとくに，儀礼時にあつかうすべての力と物質を肉体に出し入れする能力が期待される。将来シャーマンになることが決まっているアルタイ族とエヴェンキ族の若者は，苦しい試練の時期に，げっぷが出たり，胃腸内にガスがたまったり，ものを飲みこんだりすることで，開かれた肉体という特

⇩ヤクート族の衣装の背(19世紀末〜20世紀初頭)——ぶらさがっているいくつもの輪は，太陽と下の世界への入口をあらわしている。シャーマンがナイフを自分の体につきさすと，「太陽」は姿を消し，ナイフと共にふたたびあらわれる。

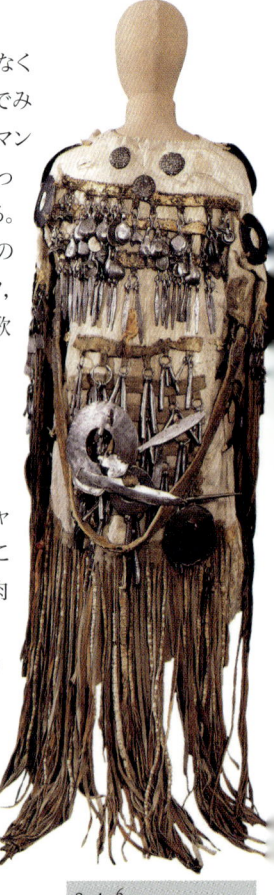

徴を早くも示すようになる。

　シベリアと中央アジアのシャーマンは、以前は儀礼のときに派手な見世物を行なっていた。精霊が自分の体内に入ってくることができるよう、へそや肛門からナイフをつきさしたり、自分を銃で撃ったり、自分の血を飲んだり、炭（テレウト族、ヤクート族）や小石（ニヴフ族）や針（エヴェンキ族）を飲みこんでみせたりした。見物客は、このような力をもったシャーマンを見て、シャーマンがわざと、あるいはまちがって、自分の魂や生命維持に必要な器官を飲みこんだために死んでしまうのではないかと思うほどであった。

☑ 矢で自分の体を貫くツングース族のシャーマン（18世紀の版画）──北極地方からカザフ族が住むステップ（草原）まで、カムチャツカからウラルまで、シャーマンの肉体に穴が開いているという考えは、儀礼の中心要素となっている。

　シャーマンのへそ、わきの下、肛門、前頭部、口は、すべての目に見える力や目に見えない力に開かれていると考えられている。肉体にたくさんの穴が開いているため、その穴から吸引したり吐きだすことで、シャーマンはみずからの口で精霊たちに語らせ、悪魔たちを吸いこみ、魂を循環させることができるとみなされている。

　ヤクート族の伝統によると、シャーマンが自分の体にナイフをつきさすのは、本物のシャーマンであることを示すためだという。本物のシャーマンは、皮膚の下に「オイボン」と呼ばれる穴が開いており、そこをものが通過するというのである。

　ヤクート族の伝説に、ある男が自分の影のところどころに日の光が透けていることを発見し、自分がシャーマンだったことに気づいたという話がある。彼は、シャーマンに特徴的な穴をもっていたのだった。

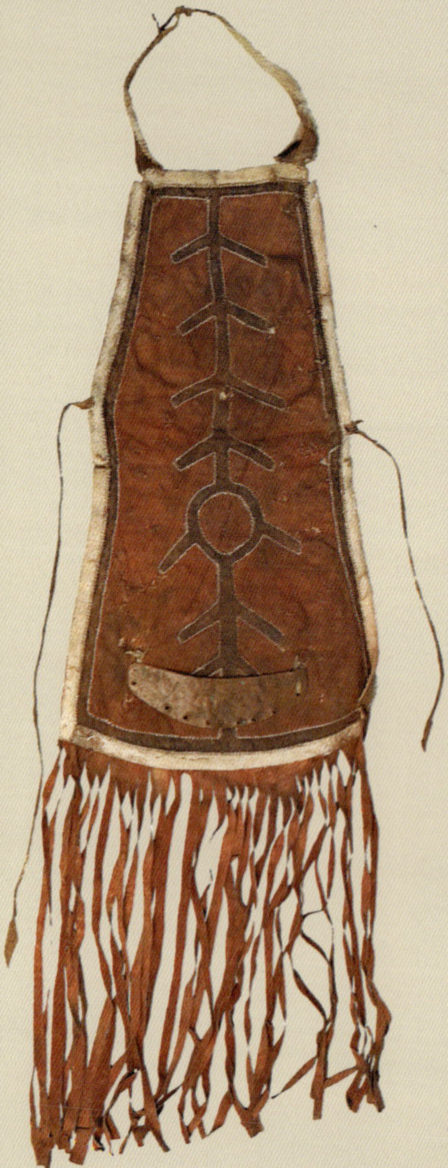
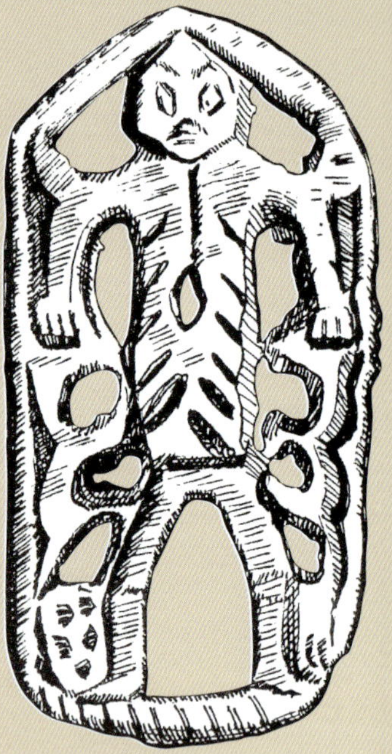
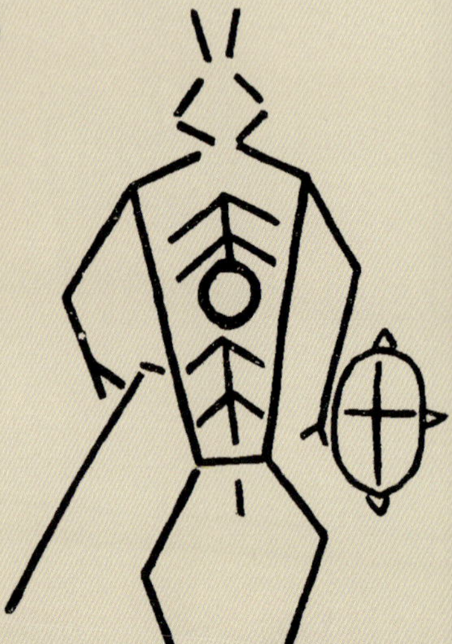

第2章 神話，人間，自然

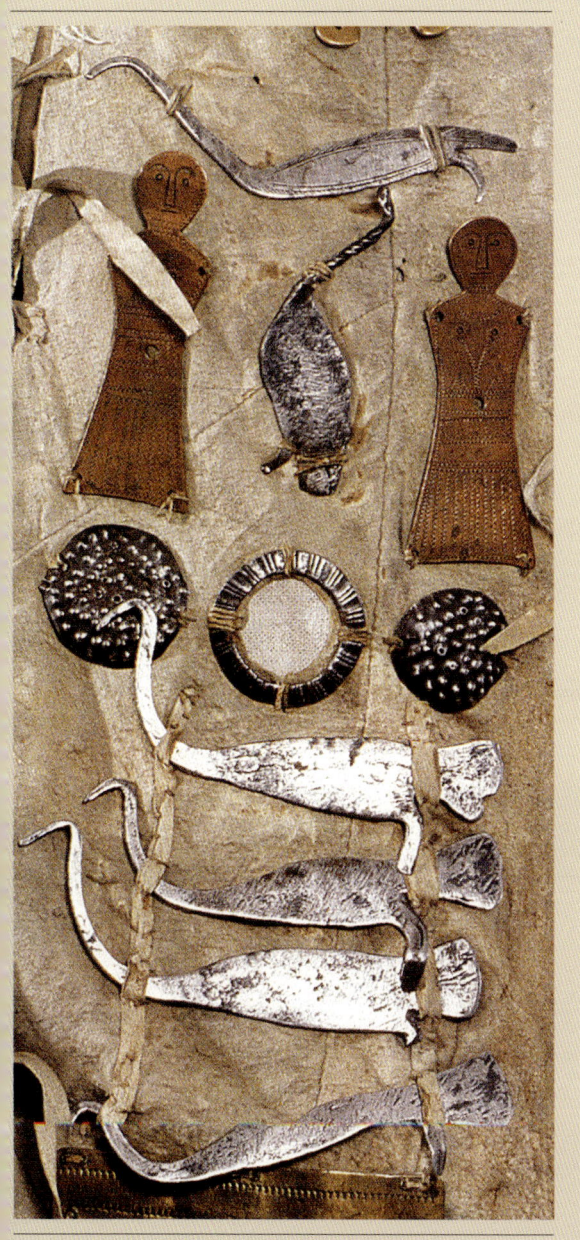

穴が開いたシャーマンの肉体は，北アジア全域で，へそに穴があいた図像で表現される。左頁左は，北極地方のヌガナサン族のシャーマンの胸当て。バイカル湖（シベリア）近くのウキルにある歴史時代の岩面彫刻にも，同じような図柄が刻まれている（左頁右下は，その模写）。中世の西シベリアの青銅製の奉納板にも，似た図柄のものがある（左頁右上）。

右頁はヤクート族のシャーマンの胸当て。中央に実際に穴が開いており，この穴からシャーマンはナイフをつきさしていた。

下はヤクート族の胸当てについた，先祖をかたどった金属板の模写。へその位置に，穴が開いているのが見える。

# シャーマンの木と動物

北アジアでは、シャーマンの概念は人間だけに適用されるわけではない。奇異な樹木、動物、さらには岩も、シャーマンとみなされることがある。チュルク系民族とモンゴル系民族は、異常なほど枝が密生している樹木を「シャーマンの木」とよんで、重要な役割をあたえている。

次のような伝説が残されている。ある猟師が、眠るためにシャーマンの木の下に横たわった。すると、別の木がシャーマンの木に向かって、病気の祖父の治療をしてくれるよう頼む声が聞こえた。シャーマンの木は、猟師をもてなす義務があるからといって、その場を離れようとしなかった。翌日、猟師がシャーマンの木をあとにして歩きだすと、途中で、夜のあいだに倒れた老木を発見した。それは、シャーマンの木が助けを求められた、例の木だった。

奇形の動物、たとえばアルビノ〔先天的に色素を欠いて白くなった個体〕は、シャーマンとみなされることが多い。クマは、毛に斑点があったり（ヤクート族）、脚が委縮している場合（ネネツ族）、シャーマンとされる。このようなクマの脚は、儀礼用具として人

⇩シャーマンとみなされているカラマツ──幹の下部に異常なほど枝が密生しているこの木は、東トゥヴァでシャーマンと同一視されている。人びとはこの木に、供物としてリボンを結ぶ。

間のシャーマンによって使われる。

## 聖地

　シャーマニズムの世界では風景の中に感じ取られる不可視の差異に対する感覚が発達していて、そのために思いがけないところに聖なる存在が宿っている豊かな風景をつくりだしている。

　シャーマンの木のそばは、シャーマンが儀礼を行なう特別な場所であることが多い。トゥヴァの一族の大半が、自分たちを守護する役割のシャーマンの木をもっており、毎年、一同がそのまわりに集まる。シャーマンが亡くなると、シャーマン個人の木のなかに、シャーマンとしての世襲の運命がいったん保存され、その運命は、のちに子孫に伝えられる。このように、シャーマンの先祖たちの思い出が、風景のなかに刻まれているのである。

第2章　神話、人間、自然

↓シーフ・ミア（「7つのテント」）の聖地の前に立つエデイコ・ンゴカケッタ——北極海沿岸近くのネネツ族の重要な聖地「7つのテント」は、長旅の末に到達できる場所にある。いけにえにされたトナカイの角が何世代にもわたって積みかさねられた小山は、ツンドラのかなたからも見える。

　ここにいる女神は、「世界のはての老女」と呼ばれている。ここには、「シャーマンたちを生みだした精霊」によって刻まれた像がある。

シャーマンとみなされる動物がいるのと同じように、シベリアでは、特異な力が満ちていると考えられている特別な場所が存在する。ツンドラでは、誰かが激しい恐怖を感じた場所、あるいは誰かが溺死した場所は、ネネツ族のシャーマンによって崇拝すべき聖地とされることがある。

　シャーマンは、その場所の主である精霊が、奇妙な岩や大木に宿っていると説明する。あるいは、精霊の存在を示すものを置くように指示する。シャーマンによって聖地とされた場所は、その後、長老たちによって守られる。北アジアでは、長老たちが慣習的に行なう聖地での儀礼に、シャーマンが参加できない場合も多い。

　イスラム圏の中央アジアでは、聖人や神秘主義者の墓や霊廟がシャーマニズムの聖地となっており、シャーマニズム、イスラム教、スーフィズムの関係を密接に示している。シャーマンは巡礼のため、あるいは夢のなかで聖人たちの精霊と交流するために、これらの墓や霊廟にたびたび出向く。また、シャーマンになりたい人が、精霊に選ばれるために行くこと

⇧カシュガル（新疆ウイグル自治区、中国）のアパク・ホジャ廟の墓地（1995年）——イスラム教徒が住む地域では、精霊は現世の特別な場所と結びついている。たとえば聖人廟の近くには、清らかで恩恵をもたらす精霊が存在する。また、墓地、廃墟、灰の山、堆肥などにも、精霊は出没する。

　伝説によると、アナトリアで世襲の治療師だったシャーマンたちが、暖炉をかこむようにして同業組合をつくり、暖炉の灰を使って病人を治したという。

　上は、カシュガルの統治者で神秘主義者のアパク・ホジャ廟の広大な墓地で祈りを捧げるウイグル族の姿を撮影したもの。

もある。トルクメニスタンにある音楽家と歌手の守護聖人アシク・アッディーンの霊廟，キルギスタンにある叙事詩の英雄マナスの霊廟，カザフスタンにある偉大なスーフィー，アフマド・ヤサヴィーの巨大な霊廟は，とくに有名である。

　また，シャーマンは瞑想したり精霊に会うために，特別な自然の場所も訪れる。たとえば，キルギス族が住むアライ山脈の断崖にある，黒い石が上に乗った女性の形をした石柱は，そのような場所のひとつである。

　中国の新疆（しんきょう）ウイグル自治区にある，吐峪（とよく）とオルダム・パーディシャーのふたつの大きな霊廟では，シャーマンたちが集まって同業組合をつくり，巡礼者のための儀礼を行ない，有料で治療や占いに従事している。彼らは墓に向かって，さまざまな加護の祈りをとなえる。

「シカたちの父の霊廟の白いワシよ／カシーダ〔詩〕を読みに来てください／治さなければならない病人たちがいるのです」

⇩**アフマド・ヤサヴィー廟**──アフマド・ヤサヴィー（11世紀）は，「トルキスタンのムハンマド」と呼ばれる中央アジアの偉大なスーフィーにして長（おさ）である。彼はシャーマンたちからもたびたび加護を求められ，彼らのきわめて強力な補助霊のひとつとなっている。

　シャーマンになるよう精霊から呼びかけられた人びとは，カザフスタンのステップ（草原）の真ん中，トルキスタンにあるアフマド・ヤサヴィーの霊廟を訪れることが多い。彼らはそこで，一般の巡礼者と同じように，巨大な鍋のまわりを歩き，自分たちを選んだ精霊が姿をあらわすのを待つ。

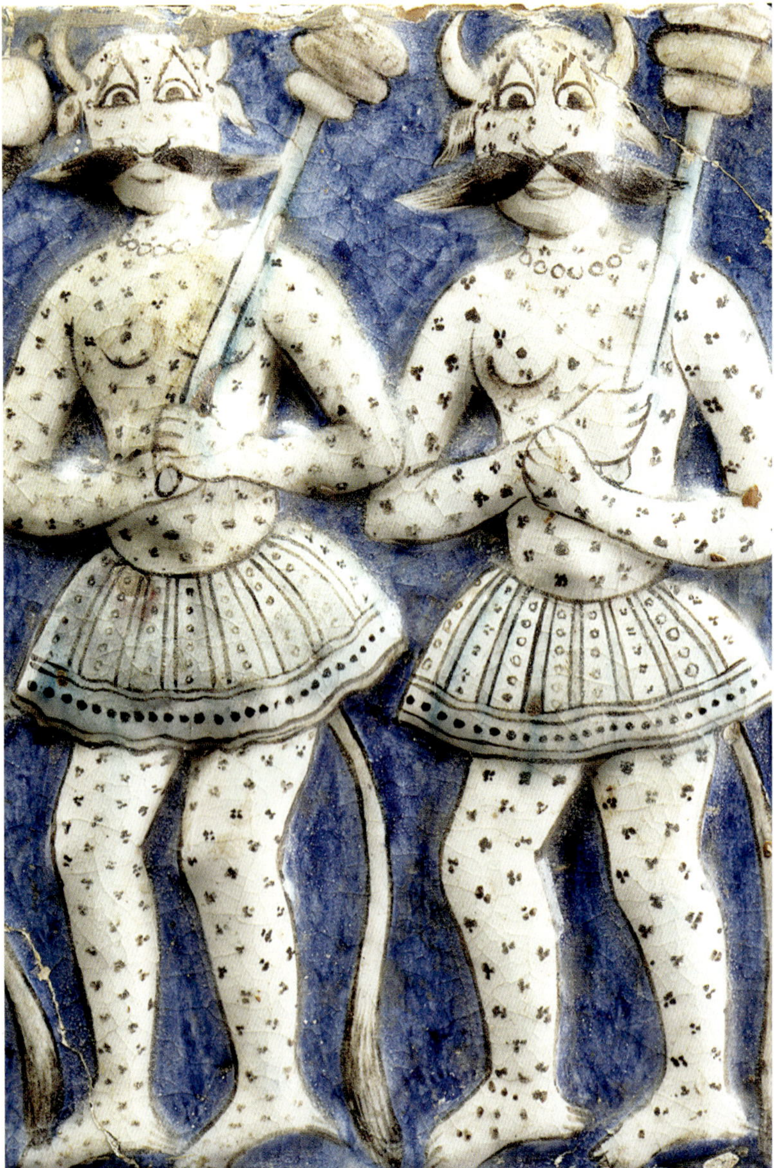

❖シャーマンの宇宙論では，宇宙（下の世界，上の世界，中間の世界の三層からなる）のなかを精霊とシャーマンが衝突したり，友情や愛情をもちながら，行き来している。シャーマンに忠実な精霊である「補助霊」は，シャーマンの求めに応じて儀礼や旅を補佐する。動物や人間，あるいは怪物の姿であらわれる補助霊は，シャーマンにとって第二の家族のような存在である。 ……………………………………………………………………

# 第 3 章

# シャーマンの世界

〔左頁〕壁面タイルに描かれたゾロアスター教の悪魔（19世紀）——悪魔と精霊の一団は，シャーマンのために力を貸す。ウズベキスタンやタジキスタンのシャーマンが加護を求める祈りのなかには，ゾロアスター教の悪魔がよく登場する。

⇨シベリアのナナイ族のシャーマンの衣装の背の部分（20世紀初頭）——火のように燃える輪になったヘビが，世界の起源となる動物，トラとカモをとりかこんでいる。

# シャーマンと「普通の人間」

シャーマンは，普通の人間を超えた特別な能力をもつ存在として認められている。シャーマニズムの世界には，近代社会における平等の概念はない。不平等性によって，儀礼におけるシャーマンと俗人の役割は厳格に区別されている。

シャーマンの資質が生まれながらのゆるぎないものであると考えられている南シベリアでは，俗人自身が「なにも知らず，なにもできない」「普通の人間」を自称している。たとえば，ハカス族の俗人は祈りのなかで次のようにいう。「私は，雌牛より単純で，子牛より愚かで，なにも理解できず，なにも見えません」

こうした社会では，俗人がシャーマンの儀礼用具を使ったり，ときにはただ触れるだけでも，死にいたることがある。このような厳しい序列が見られるのは，ステップ（草原）でおもに牧畜を行なっている社会である。狩猟が中心の社会では，序列はもう少しゆるやかである。東エヴェンキ族は，儀礼の最後に各人がシャーマンの服を着て，太鼓をたたく。ケット族は，儀礼の途中にシャーマンが何度も休憩し，そのあいだに列席者がシャーマンの太鼓をたたく。

⇩トゥヴァのシャーマン（1903年）——トゥヴァでは，シャーマンだけが太鼓と儀礼用衣装をもっている。俗人は，シャーマンのお守りに触れただけで罰せられ，病気になるといわれている。

↑チュクチ族のクジラ祭り（セイウチの牙に描かれた絵、1950年代）──20世紀初頭に、チュクチ族の3人か4人にひとりは、太鼓をたたいて精霊をよぶことができた。クジラ祭りのときは、数家族がひとつのテントに集まって、10人ほどの人がたたく太鼓を聞くことができた。

極東のチュクチ族とコリャーク族は、シャーマンと俗人の境界線があいまいだった。どの家にも儀礼用の太鼓があり、必要だと思えば、誰でも使うことができた。20世紀初頭に、たまたま太鼓をたたいていた人が、ロシアの民族学者ボゴラスにこう説明している。

「私はシャーマンではありません。しかし、危険がせまっているときや病気のとき、必要に応じて歌う能力がやってきます。その後、その能力はどこかへ行ってしまいます。どこへ行くのかは、わかりません。太鼓についても、同じです。必要なときに、たたく能力がやってきて、そのあとどこかへ行ってしまうのです」

シャーマンの立場が弱く、きちんと確立されていなかったこれらの社会では、ソ連時代にシャーマンの役割が消えてなくなった。

シャーマンになったり、シャーマンをやめたりすることは簡単だった。しかし、シベリアのほかの地域と同じく、シャーマンだけが独占していた行為があった。つまり、彼らだけが精霊との対話を表現することができたのである。たとえば、死者の声を借りて、死者との対話を表現することができた。

# シベリアの宇宙論：「層でできた」世界

シャーマニズムの神話や儀礼を通して見る世界は、俗人が共有する世界と異なっている。アルタイ山脈では、シャーマンがウルゲンとよんでいる最高神は、俗人のあいだに伝わ

る叙事詩や祈りに登場しない。俗人はむしろ、アルタイ山脈や天空に向かって祈りを捧げる。ツンドラのヌガナサン族は、シャーマンの話が伝統的な神話と矛盾していることにたびたび気分を害してきた。たとえば、あるシャーマンが、「ングオ」とよばれる「創造主の母たち」は、全員が女性ではなく、そのなかに年老いた男性がひとりいる、と主張した。この言葉に憤慨した人びとは、このシャーマンをめった打ちにした。

シャーマニズムの儀礼における宇宙は、3つの重なった世界でできている。有害な精霊や死者の魂がいる水の多い暗い「下の世界」、生者が住んでいる「中間の世界」、天界の創造主たちの領域にあたる「上の世界」である。しかしこの構造の中身は、シャーマンによってそれぞれかなりの違いが見られる。それは、どのシャーマンも自分の経験にもとづく世界を描写しているからで、さらにここでは各人の独創性が示されなければならないからである。

とはいえ、シャーマンの世界観に関する共通原則は存在する。トゥヴァでは、シャーマンは透視力をもっているといわれている。事実、シャーマンは、生物や物体の目に見える部分だけではなく、「普通の人間」の目には見えない要素を識別する。人間や動物のなかに、シャーマンは魂を見る。魂とは目に見えない分身で、肉体から離れることもある。

また、シャーマンは山のなかに、そこに住み、そこを支配する「主の精霊」を見わける。アルタイ山脈やサヤン山脈の森で働く普通の猟師たちは、実際に自分の目に見えるもの、つまり、山、

↓マガル族のシャーマンの認定儀礼（ネパール、1982年）——新しくマガル族のシャーマンとして認定されるためには、地上から上の世界にいたる「9つの段階」を乗りこえる儀礼を行なう必要がある。下は、9番目の段階で、目隠しをして木に登っている場面。口には、殺されたばかりのヒツジの心臓をくわえている。

第3章 シャーマンの世界

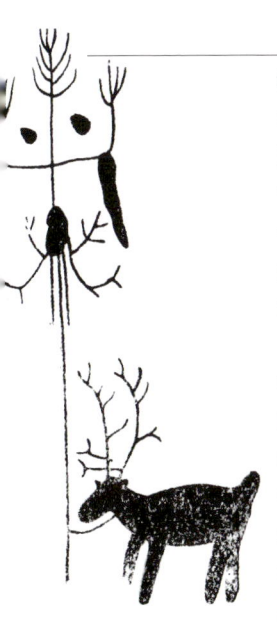

湖、空に対してのみ、祈りを捧げる。それに対してシャーマンは、目に見えるものの奥に存在するもの、たとえば、女王のように着飾った山の女主人、湖の主であるスイギュウ、光り輝く天上の神に、加護を求める。

シャーマンは、見ているものをすべていくつかに分割する傾向があり、その数は際限がなくなることもある。たとえば、トゥヴァのシャーマンは人間の「魂」が7枚の上着を着ており、人間の「生命の息吹」は「金色の息吹」「銀色の息吹」「赤い息吹」にわかれていると説明する。宇宙そのものも、目に見えない層でできている。天空はいくつもの層にわかれ、それぞれに神々やさまざまな精霊が住んでいる。テレウト族のシャーマンのなかには、その層が16あるというものもいる。

儀礼のとき、シャーマンはこの層でできた世界への旅を、目に見える形で表現した。ツンドラのヌガナサン族、タイガ（針葉樹林帯）のエヴェンキ族、ステップのテレウト族のシャーマンたちは、上の層へ行くようすを見せるために、同じ方法を用いた。それは、儀礼が行なわれているテントの真ん中に植えられた木に登

⇦シャーマンの木（セルクプ族のデッサン）──いけにえにされたトナカイが、つながれている。シャーマンはそれぞれ自分のテントのなかに、上の世界へ行くことを可能にするシャーマンの木をもっていた。

⇩ハカス族の太鼓──右側に上の世界と下の世界をつなぐ木が見える。木の根元では、死者の神エルリクの世界と関係がある水辺の動物や地下の動物がうごめいている。木の上では、騎手たちが馬に乗って天体のあいだを駆け、天界の神クダイのほうに向かっている。

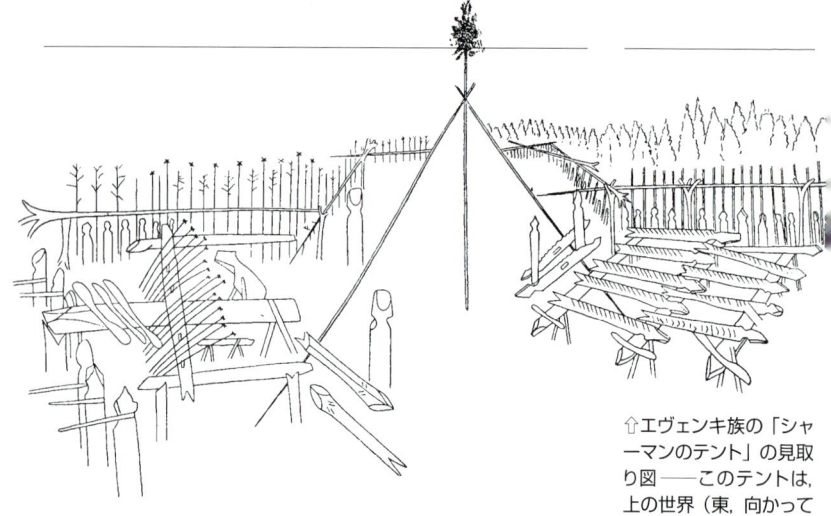

る方法で、その木には、シャーマンが通ることになっている天空の層の数と同じ数の切りこみが入れられていることもあった。

層が垂直に重なっているというシャーマンの世界観は、川のような斜面になっているというシベリアの俗人の世界観と相いれない。実際の地形から着想を得たシベリアの俗人の世界観では、肥沃さと生命の源である上の世界は川の上流に位置し、生者の世界は中流に、死者たちが住む沼地は下流にある。生まれてから死ぬまで、人生は川の流れのように過ぎていく。俗人は連続した水面のように世界を見ているが、シャーマンは「普通の人間」には理解できない境界線によって世界を層に分割している。

実際の儀礼では、シャーマンは俗人の世界観も参照し、それらをとりいれている。たとえばエヴェンキ族の「シャーマンのテント」の儀礼は、上下に重なった層の世界と「目に見えない川」が流れる斜面の世界を組みあわせたものである。

⇧エヴェンキ族の「シャーマンのテント」の見取り図──このテントは、上の世界(東、向かって右)から下の世界(西、向かって左)に流れる「目に見えない川」をあらわしている。真ん中の世界を示す円錐形のテントには、「トゥル」と呼ばれるカラマツの苗木が植えられている。この木は、シャーマンを直接天界に導くはしごの役割をはたしている。川の上流と下流は、魚とトナカイの像(下)で守られている。

# コーランの宇宙論とシャーマンの世界

イスラム圏のシャーマニズムでは、シベリアの宇宙論とコーランの宇宙論が混じりあっている。上の世界、中間の世界、下の世界というように縦に3つの世界が重ねられたシャーマニズムの世界観と、人間界の上に地獄から天国までの7つの天があるというイスラム教の世界観が融合しているのである。

ウイグル族の神話では、第4天にいた精霊たちが地上におりて、人間にシャーマンの力を伝え、治療の技術を教えたという。シベリアのシャーマンたちは上下に重なった3つの世

> キルギス族のシャーマン（中国、新疆ウイグル自治区、2009年）──シャーマンにとってゲル（移動式住居）は、人間が住む地球（ゲルの内部）と精霊たちが住む世界に分割された世界を象徴している。

精霊たちが住む世界へは、天井に開けられた穴と地面のあいだに張られたロープによって、到達することができる。普通の家のなかでシャーマンの治療が行なわれる場合は、床と天窓のあいだにロープが張られる。

19世紀末、カザフ族のシャーマンは、治療を行なう際、精霊への供物として、いけにえにした動物の肺をゲルの天井の穴から外に投げた。

また古い伝説によると、人間の王が黒い馬に乗って、ゲルの天井の穴から上昇していった姿を目撃したシャーマンがいるという。病人は、このロープにつながれたりつるされる。シャーマンは、このロープを伝って天井の穴から抜けだすこともある。

こんにちではほとんど見られないこの象徴的な行為は、イスラム教徒のシャーマンたちが、上の世界に旅するという考えを完全に忘れてしまったわけではないことを示している。

界を移動するが，イスラム教の預言者ムハンマド，聖人たち，スーフィー，精霊たちは，7つの天のあいだを移動する。

チュルク系民族のシャーマニズムでは一般的に，精霊の世界と人間の世界の境目は，ゲル（移動式住居）の天井に開けられた穴で象徴される。キルギス族のシャーマニズムの儀礼では，この穴と地面のあいだにロープが張られ，シベリアのテントの真ん中に植えられた木と同じ役割をはたしている。

## シベリアにおける多数の精霊

北アジアでは，どのシャーマンも，専門の特殊能力をもった補助霊に助けられていると主張している。経験豊かで力があればあるほど，シャーマンの

補助霊の数は多く、なかには「軍隊」や「民族」と呼ぶのがふさわしいほどの精霊を従えているものもいる。

1920年代にアルタイ山脈の森で活躍したコル族のシャーマン、アレクセイは、自分の補助霊のなかには、複数の白馬、黒い鳥、魚、7本の矢をもった王、太鼓の主であるクマの精霊、「7つのとさかと3つの目をもった赤毛の少女」がいるといっている。この少女の精霊は、彼の天上の妻である。これは、狩猟社会では一般的に、人間と精霊の結婚に高い価値があたえられていたことを示している。

シャーマンは儀礼の歌のなかで精霊たちを呼び、それぞれに異なる仕事をあたえる。なくしたものや迷った魂を探しに行かせたり、神に供物をもって行かせたり、敵と戦わせたり、あるいはシャーマン自身を運ばせたりする。シャーマンの先祖が補助霊の場合でも、動物の姿であらわれることはよくある。精霊たちはさまざまな姿で、それぞれの長所を生かしながら、シャーマンを助けるのである。

## シャーマニズムにおける動物

足が速く、空中に道を描いているように見える立派な角をもつトナカイとシカは、シベリアでは空に向かって疾走できる動物とみなされている。そのイメージから、トナカイとシカは上の世界へ旅する際のシャーマンの理想的なパートナーとなっている。そのため、トナカイとシカは、昔からシベリアのシャーマニズムでもっともよく見られる動物だった。

冬眠する穴で地下の世界とつながりがあるクマは、シベリアのシャーマンの強力な補助霊のひとつである。セルクプ族の神話では、死者の世界への入口は「世界のはての番人」であるクマが見張っている。下の世界に旅するため、セルクプ族のシャーマンは、クマの毛皮でできた上着を着て、クマ

〔左頁上〕エヴェンキ族のシャーマンの帽子（19世紀）——森林地帯やツンドラでは、帽子についた鉄製の角によって、シャーマンの肉体の上部が上の世界と結びつけられる。ステップ（草原）では、猛禽類の羽根が同じ役割をはたす。

〔左頁下〕補助霊であるクマの精霊をかたどった人形に触れる現代のトゥヴァのシャーマン。

⇧下の世界へ行くために、クマにまたがるシャーマン（セルクプ族のデッサン）——セルクプ族のシャーマンのなかには、天界へ行くためのトナカイの毛皮でできた衣装と、地下の旅をするためのクマの毛皮でできた衣装をもっている人もいる。

の毛皮でおおわれたバチをもち、クマの毛皮の敷物に座る。

アビは、10メートルの深さまで潜って魚をとる大きな鳥である。空にも地上にも水中にも行けるこの鳥が、異なる世界を超えて旅するシャーマンのすぐれた補助霊として姿を見せる。サモエード族の神話によると、この世のはじめには水の広がりしかなかった。そこで天界の神から派遣されたアビが、水底の泥をついばんでもちかえり、大地ができたという。

ヘビやカワウソと同じくカエルも、シャーマンが下の世界に用事があるときに必要とされる。テレウト族の太鼓の右下には、背中側から見たカエルの絵が描かれている。

## 変身

人間であっても動物であっても、シャーマンは自

⇧ナナイ族のシャーマン、インキのデッサン（1926年）——彼女は、夫である精霊のトラを、それぞれの状況に応じて、さまざまな姿で描いている。

上のデッサンでは、精霊はインキと一緒に馬に乗った人間の姿、下のデッサンでは、動物の姿をしている。ヤクート族は、精霊を木の彫刻で表現することが多い（下は、アビ〔水鳥〕の像）。これらの像は、道を形づくるように連続して並べられた高い棒の先に置かれていた。

左は、テレウト族の太鼓の模写。

分の種の規格からはずれた例外者的な存在なので，自分の種の外観を簡単に捨て去り，別の種の外観になることができる。しかし，さまざまな神話のなかで，シャーマンが自由自在に変身するようすが記されているが，変身の過程を図像として描くことは避けられてきたように思われる。人間あるいは動物の形で姿をあらわす存在は，人間や動物として表現され，神々としては描かれない。そういうわけで，先史時代の岩面彫刻に刻まれている異種混合の架空の生物は，シャーマニズムとはまったく関係がないものである。

## 宗教の交流点における精霊とイスラム教

中央アジアの口伝では，精霊たちは人間と似た社会をつくっている。精霊のなかにも，多神教徒，ヒンドゥー教徒，ユダヤ教徒，キリスト教徒，イスラム教徒がおり，悪運をもたらす精霊も，幸運をもたらす精霊も存在する。イスラム化したシャーマニズムは，時代も場所も起源も異なる膨大な数のこのような精霊たちを介して，中央アジアに昔から伝わるさまざまな宗教と混合している。精霊の名前は多くの神話に登場するが，シャーマンが彼らに助けを求めたり，彼らを追いはらうために使う呪文のなかでもよく見られる。歌うようにしてとなえられるこれらの呪文には，普通，音楽の伴奏がつけられる。

精霊には，2種類ある。一方で，人間の病気の源となったり，気象異常（雨，竜巻，干ばつなど）を起こさせる精霊

⇧アカ・マナフ像（ロシアの版画，年代不詳）——古代イランの悪魔たちは，不快なほど醜悪な姿をしていた。角が生え，目は青く，くちびるは黒く，長い歯をもち，手足にはかぎ爪があり，体全体がうぶ毛でおおわれ，しっぽが生えていた。彼らは魔術を使い，アカ・マナフ，あるいは白い悪魔という名前で知られている強大なリーダーに従っていた。

ペルシア神話では，アカ・マナフは英雄ロスタムに殺されたという。シャーマンのなかには，精霊たちのなかで特別な地位をこのアカ・マナフにあたえて，加護を求める人もいる。

たちがいる。その一方で，人間に治療法と儀礼を伝える精霊たちがいる。精霊たちは，シャーマンが眠っているときには夢のなかで，起きているときは幻覚によって姿をあらわす。彼らは，人間，動物，鳥，昆虫，ヘビなど，好きなように姿を変えることができる。また，ゾロアスター教の昔の悪魔，頭が雄牛で4本の角と2枚の翼をもった人間，キュクロプス〔一つ目の巨人〕などトルコの神話に出てくる生物の姿をすることもある。シャーマンだけが彼らを見ることができ，彼らと交渉する力をもっている。

イスラム教の聖人たち，より正確にはスーフィーたち（アフマド・ヤサヴィー，バハー・アッディーン・ナクシュバンド，アブド・アル=カーディル・ジラーニなど）は，きわめて忠実な補助霊なので，シャーマンたちがとくに加護を求める。彼らは，精霊のなかでも非常に力があると考えられている。そのため，イスラム教は重要な役割をはたしているが，そのことでシャーマンの役割と活動分野が狭まるわけではない。それどころか，イスラム教の聖人たちの助けがあるために，精霊の軍隊は大きくなり，シャーマンの力も増していくのである。

精霊の名前の大半はコーランに由来しているが，これは精霊たちがイスラム教をとりいれたことを意味している。その一方で，古い宗教，とくにゾロアスター教からも多くの名前が採用されている。たとえば，10世紀にフェルドウスィーが作詩したイランの民族叙事詩でゾロアスター教の影響が色濃い『シャー・ナーメ（王書）』に登場する精霊や悪魔があげられる。コーランに登場する精霊や悪魔も，加護を求める対象となる。さらに，イスラム教徒のシャーマンは，イスラム

⇧ウラ・チューベ（タジキスタン）で活躍するシャーマンの手引書から抜粋した挿絵──鞭のかわりにヘビを手にしてトラにまたがる人物は，アラビアやインド・ペルシアのスーフィズム，中央アジアの聖人伝や叙事詩でも見られる。

神秘主義者たちにとってこの図像は，動物的な本能の制御を象徴しているが，シャーマンたちにとっては，地下の力に対しておよぼすことのできる能力を意味している。事実，有害な精霊はヘビの形をとることが多く，精霊としてのトラもよく知られている。

シャーマンがお守りに描いたこの絵は，悪魔ばらいの効果をもち，治療を助けるために役だっている。

化以前のトルコの信仰の名残である聖なる山々にも，助けを求めている。

第3章　シャーマンの世界

↓ジン（精霊）の母シェレトゥルナル（炎の輝き）——アナトリア（小アジア）で，彼女は400人のジンを生んだといわれている。この15世紀トルコの細密画では，37の顔をもつ人間として描かれている。

# 精霊と共にある中央アジアの日常生活

　イスラム教徒のシャーマンは，補助霊や自分が戦っている相手と，交流あるいは強制によって，親しい関係を築きあげる。まず，味方でも敵でも，精霊たちを養うことからはじまる。彼らは血を好むので，儀礼のときにシャーマンは，いけにえにした動物の血を病人に塗ることがよくある。儀礼のあいだ立ちこめる，焼けたバターやろうそくの油のにおいも，精霊たちの空腹をなだめる。シャーマンのなかには，部屋の片隅に小さな台を置いて，補助霊のために供物を捧げるものもいる。彼らにとって補助霊は，いってみれば家族の一員なのである。キルギス族のシャーマンは，補助霊を「うちのもの」とか「子どもたち」と呼んでいる。

　シベリアのシャーマニズムと同じく，イスラム教やゾロアスター教でも，精霊が人間の男女と恋愛関係になることがある。精霊がある人間に恋をして，その人を「選び」，シャーマンになるよう勧めることはめずらしくない。選ばれた人がすでに結婚している場合，状況は複雑化し，精霊が嫉妬して，離婚させることもある。

　イスラム教徒のシャーマンは，社会から排除された人でも，身を落とした人でもない。一般的に，イスラム教徒のシャーマンは家庭と子どもをもち，治療師以外の仕事もしている。治療師としての仕事をした場合，動物や農産物などの現物で支払いが行なわれる。しかし，なかには本業のシャーマンも存在する。

　オアシス定住民のシャーマンは女性であることが普通である。その地帯では厳格にイスラム教が守られており，女性は公的生活の場から遠ざけられており，正統的なイスラム教儀礼の周縁部に追いやられているので，女性たちは聖人崇拝や民間的なスーフィズムやシャーマニズムの方へ向かうのである。反対に，イスラム教の勢力がそれほど強くなく，シャーマニズムがあまり非難の対象とならない遊牧民のシャーマ

↑祈りを捧げるイスラム教徒の精霊たち——精霊たちは，信仰をもっている。多神教徒，ゾロアスター教徒，アニミズムの信奉者もいるが，それ以外の精霊は，ユダヤ教徒，キリスト教徒，さらにはイスラム教徒で，自分たちの信仰にもとづく祈りをとなえたり，命じられた掟に従う必要がある。

　上の細密画の，ヤギ，イヌ，人間の頭をもつ精霊たちは，イスラム教徒のように数珠を手にして神に祈りを捧げている。シャーマンたちにいわせれば，これらの精霊は別の悪魔たちと戦って彼らを助けてくれるため，治療のときにきわめて役だつ補助霊だという。

第3章 シャーマンの世界

↓キリギスタンのイスラム教徒の墓地（1996年）――シャーマンたちが精霊たちとの交流を試みるキルギス族の墓地や聖人廟に、アイベックス〔野生のヤギ〕や角をもつそのほかの動物の頭蓋骨が置かれていることは、人間とこれらの動物の親密な関係を思わせる。

ある物語では、長いあいだ敵対していたパミール高原〔中央アジア南東部〕の人間とアイベックスが和解することを決めて、キルギス族の若い男性がメスのアイベックスを妻にしたと書かれている。現代でも、キルギス族のシャーマンは、上半身がシカで下半身が女性の精霊をよびだしている。

ンは、伝統的に男性が多い。

ソ連崩壊後、大勢の病人が、医師や聖職者のもとを訪れたあと、シャーマンのところへやってくるようになった。医師の科学も、聖職者の祈りも、精神的な病気や有害な精霊からの攻撃に勝つことはできないからである。病人の大半が、自分の意に反してシャーマンのもとへ連れてこられた精神不安定な虚弱体質の青少年か、なかなか子どもができない若い既婚女性である。また、シャーマンはよくあたる占い師としても評判が高い。そのため、彼らは特別な社会的役割をあたえられている。たとえば、カザフスタンやキルギスタンで、シャーマンは定期的に政治家たちに助言を行なっている。

069

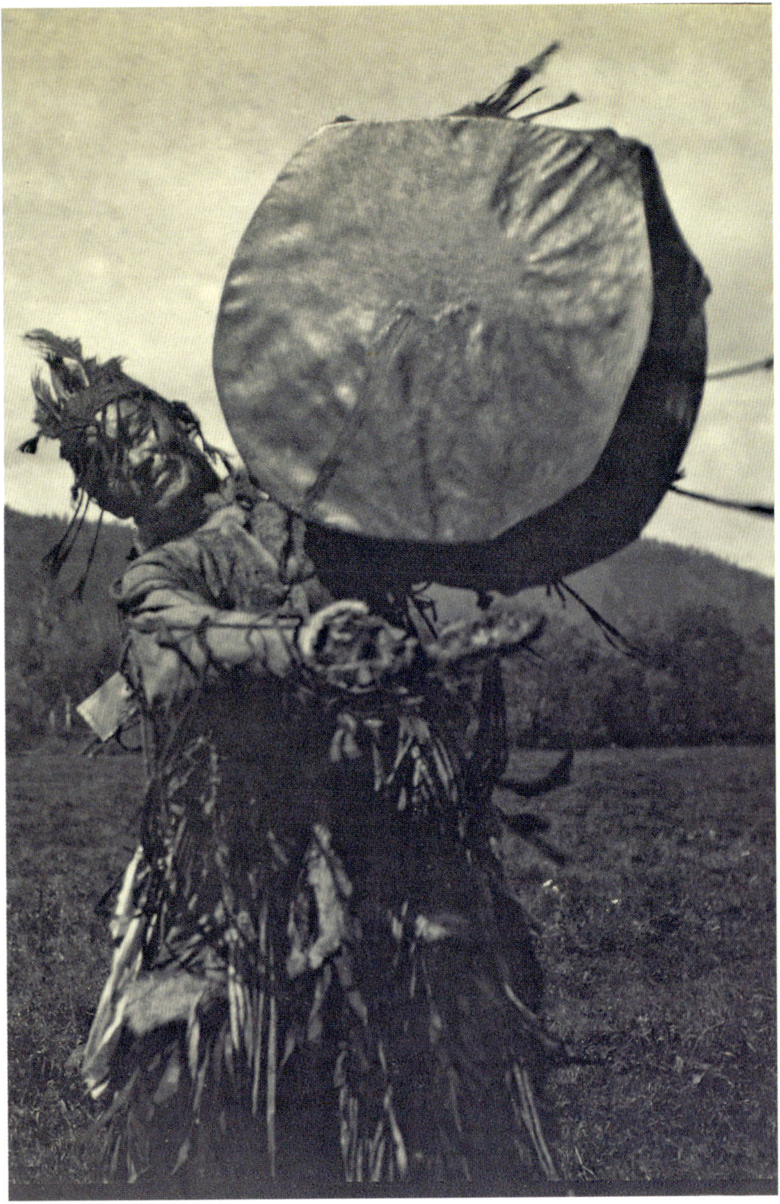

❖シャーマニズムの儀礼は，共同体の幸福と個人の幸福のために行なわれる。シャーマンの特別な能力を強調する儀礼によって，人間の世界と精霊の世界をつなぐ道が開かれる。シャーマンには個性が求められるが，それは，それぞれの地域，たとえばシベリアか中央アジアか，森林地帯かステップ（草原）か山岳地帯か，ということや，それらの地域で支配的な宗教によって，儀礼の象徴的な内容や所作が非常に異なることを意味している。

# 第 4 章

# 儀 礼：所 作 と 象 徴

〔左頁〕東トゥヴァのシャーマン（写真，1914年）⇨サモエード族のシャーマン（リトグラフ，1879年）——座ったり，横たわったり，立ったりして，静かに，あるいは騒々しく太鼓をたたくシベリアのシャーマンたちは，非常にさまざまな動きをする。そうした動きは，彼らが波瀾に満ちた旅や戦いをつづけるための助けとなっている。

⇩人間をむさぼり食う精霊ケレトを描いたチュクチ族のデッサン。

## 個人の治療と集団の繁栄

　ソ連時代以前と同じく、現在のシベリアのシャーマンが行なう儀礼には、おもな目的がふたつある。病気あるいは不幸に見舞われた人を治療することと、共同体を繁栄させることである。

　病気や不幸の治療にあたって、シャーマンは3つの原因から診断をくだす。ひとつは悪霊の攻撃である（悪霊が体の一部を食べてしまうなどして、その人を苦しめていること）。もうひとつはその人の魂が、肉体から外に出て、どこかへ行ってしまったこと。もうひとつは、その人が規律に違反した罰を、上位の精霊から課せられていることである。

　実際には、これらの原因が複合的に関係しているケースが多い。たとえば、ある猟師が狩猟を禁じられている動物を殺したため、主なる精霊の怒りを買い、精霊の保護を失って魂がなくなってしまい、からっぽになった

第4章 儀礼：所作と象徴

肉体に悪魔が入りこんでしまったというケースがある。シャーマンは太鼓をたたきながら歌と身ぶりによって悪魔と戦っていることを知らせ、病人の体を吸ったりかんだりして、悪魔を飲みこみ、そのあと吐きだす。

病人の肉体から外に出てさまよっている魂は、シャーマンが下の世界や天界への長い旅を行なって探索する。見つかった魂は、病人の耳からつばや息によって体内に戻される。魂の冒険のようすをシャーマンが語るのを聞いて、病人は自分を外側から眺め、自分の苦しみを離れた場所から見ることができるようになる。このように、自分自身に対する視点が変化すると、病気は快方に向かう。

集団の繁栄のための儀礼は、豊かな獲物を得ること、家畜が繁殖すること、農作物が成長するような好天に恵まれること、さらには民族の幸福を願って行なわれる。これらの儀礼では、動物がいけにえとして捧げられることが多い。シャーマンは、いけにえとなった動物の魂を、捧げる相手、多くの場合、天界の神のもとへ送る必要がある。タイガ（針葉樹林帯）やツンドラの民族はトナカイを、ステップ（草原）の民族はヒツジや馬をいけにえにする。

儀礼は非常に長い時間がかかることもある。シャーマンは報酬として、以前は動物を受けとっていたが、こんにちでは金銭が支払われる。現代のトゥヴァでは、地方の役所が有名なシャーマンに、

〔左頁〕馬の犠牲儀礼を行なうハカス族のシャーマン（1914年）──特殊な毛色の馬が選ばれて、聖なるシラカバの木につながれる。シャーマンは地面に座り、その後立ちあがって、山の主である精霊をたたえる言葉と祈りを捧げ、住民の保護を願う。以後、この馬は精霊の乗り物となり、人間が乗ることはない。

⇧シャーマンの集会所での治療儀礼（2003年）──現代のトゥヴァのシャーマンが、患者の腹部をクマの脚でこすって治療している。病気の治療にクマを使うよう求める患者は多い。なぜなら、クマは悪霊を追いはらうと考えられているからである。

073

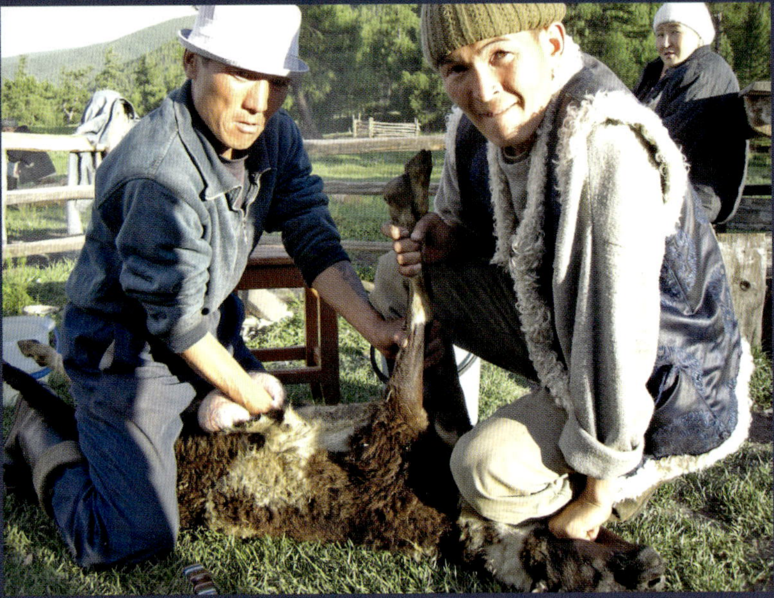

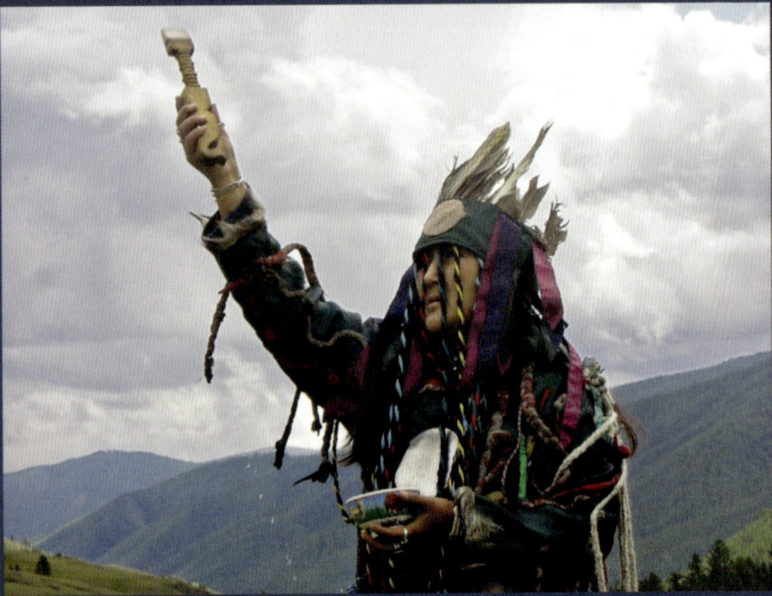

第4章 儀礼：所作と象徴

## カラマツを神聖化するシャーマン

　トゥヴァのシャーマンは、守護の役割をはたす樹木の神聖化を依頼されることが多い。ここでは、2006年にトゥヴァ共和国のスト=ホリで、林業を営む一家のために富の象徴であるカラマツを、シャーマンが神聖化する様子が示されている。まず最初に男たちが、血が出ない伝統的な方法で、ヒツジを殺す（左頁上）。

　翌日、シャーマンがステップ（草原）で、周囲の山々や湖の方角に茶を撒きながら、それらの山々や湖の主である精霊をよびだす（左頁下）。

　次に全員で森に入り、神聖化するカラマツのところへ行く。人びとは木の根元に供物を置き、前日殺したヒツジの肉のもっともよい部分を薪で焼く。シャーマンは歌のなかで、天界の精霊たちに頼んで精霊の女王におりてきてもらい、この木に生命を吹きこみ、この木の女主人になってくれるよう懇願する（右上）。

　そのあと、木のなかに幸運をとどめておくため、全員で「クライ, クライ！」と叫びながら、木の幹のまわりを何度かまわる。最後に、各人が木の枝にリボンを結んで、富の象徴であるカラマツの守護のもとに身を置く（右下）。

聖なる湖や樹木のそばで集団儀礼を依頼することが多い。

## シャーマンの旅

個人のための儀礼でも，集団のための儀礼でも，シャーマニズムの儀礼は，シャーマン自身の肉体的な境界線を超えた動きに，その魅力がある。その動きは，一方は内側に向かうもので，シャーマンはみずからの体内に自分のものではない多数の存在を入らせる。それらの存在とは，補助霊，有害な悪魔，自分の口を通して語らせ，飲みこんでは吐きだす魂などである。もう一方は外側に向かう動きで，シャーマンは遠い外部空間へと自分を広げていく。これは，シャーマンが旅をしているとみなされる動きである。

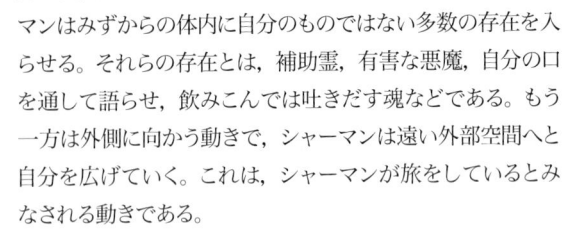

北アジアでは，この内側に向かう動きと外側に向かう動きがシャーマニズムの儀礼の特徴のひとつで，シャーマンではない人が行なう儀礼には見いだすことができない。とはいえ，シャーマンはこのシャーマニズム特有の儀礼ではない，もっと簡単な儀礼も行なうことができる。

## 体内にある複数の存在

儀礼の最初にシャーマンは精霊たちを招き，自分の体内と儀礼用具のなかに入るようにいう。そして地面に座ると，口を開け，太鼓のなかに頭を入れて，太鼓をバチで軽くたたきながら，歌いはじめる。

このときのシャーマンの言葉は，普通の言葉とは異なる。特殊な用語を使ったり，動物の鳴き声をまねたりしながら，歌うように言葉を発する。北極地方のヌガナサン族やネネツ

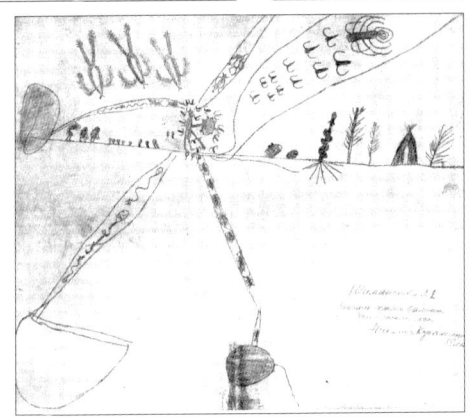

⇧セルクプ族のデッサン（1920年代）——このデッサンは，セルクプ族の儀礼の冒頭における求心的な動きを完璧に説明している。

テント，聖なる木々，天界へのはしごのそばでシャーマンが太鼓をたたくと，四方八方から精霊がシャーマンのまわりにやってくる。

天界からは，ツル，昆虫，そのほか翼のある動物がおりてくる。地面の上では，人間の姿をした精霊，つまり先祖たちが前進してくる。地下の湖からは，クモやミミズがはいあがってくる。

それぞれのタイプの精霊は独自の道を通って，みずからの領域からシャーマンの衣装へ向かう。天界の精霊はシャーマンの衣装の上部に，地下の精霊は衣装の下部に向かう。

族のシャーマンの歌は8音節からなり，暗号化されたような構成になっている。ヌガナサン族のシャーマンは，精霊ごとに特定のメロディーを割りあてているため，人びとはシャーマンの口を通して語られる精霊がどの精霊なのかを理解することができる。

歌の冒頭で，シャーマンは精霊たちに，自分がシャーマンになるときに精霊たちにあたえられた苦しみを思いださせる。ハカス族のシャーマンは，精霊たちが自分の体内にシャーマンのしるしである骨を発見したときのことを歌う。

「私の脇腹をかじった，うちのものたち／私の小さな骨を確かめた，うちのものたち／私のはかない肉体をかじった，おまえたち／私の余分な骨を見つけた，おまえたち」

シャーマンのなかには，自分の体にナイフをつきさして，

⇩コリャーク族の儀礼──ソ連時代，コリャーク族は一家にひとつ，儀礼用の太鼓をもっていた。シャーマンでなくても，人びとは楽しむため，精霊をよぶため，あるいは祝宴をもりあげるために，太鼓をたたいていた。

この写真でも見られるように，多くの場合，家族のなかで太鼓を演奏する才能に恵まれていたのは，女性だった。しかし，複数の家族に対して儀礼を行なう本職のシャーマンは，むしろ男性のほうが多かった。

この苦しみを再度体験し，本物のシャーマンであることを示そうとするものもいる。ケット族のシャーマンとトゥヴァのシャーマンは，「私は偉大なシャーマンである」と，誇らしげに宣言する。これらの言葉によって，シャーマンは昔からの伝統を引きつぐ自分の立場を客観的に示し，自分のしぐさを先祖たちのしぐさと重ねあわせて，時空を超えて，現在と永遠，こことかなたに，同時に存在するまでになるのである。

## 複数の空間にある肉体

　シャーマンの歌としぐさで語られる「旅」は，地下の世界，空，あるいはふだん見慣れている周囲の山々を舞台背景としている。この現実世界の仮想空間への投影は，当然のことながらテレビゲームの世界を思いおこさせる。しかし，シベリアの儀礼において，現実空間と仮想空間は切りはなすことができず，たえず密接につながっている。

　シャーマンが地下の世界にいる悪魔と戦っているとき，あるいは目に見えない川を渡っているとき，儀礼が行なわれているテントのなかで，シャーマンは自分の行為を，動き，叫び声，言葉によって視覚化する。エヴェンキ族やハカス族のシャーマンは，儀礼の参加者の何人かに，自分が戦う相手である悪魔を演じるように頼むこともある。儀礼のあいだ，場面は「ここ」と「あちら」の両方で展開され，シャーマンは複数の空間に同時に存在する。

　現実空間と仮想空間は，いくつかの約束事や技術によって調整される。テレウト族のシャーマンは，ゲル（移動式住居）の空間を，自分が訪れる神々のゲルをあらわすために使う。チュクチ族のシャーマンは，儀礼のあいだ地面に横たわった

⇧東トゥヴァのシャーマン——非常にめずらしいこの3枚の写真は，1914年にノルウェー人のオリエン・オルセンによって撮影された。戸外で撮影されているため，普段は暗いゲル（移動式住居）のなかで行なわれている動きが，こまかい部分までよくわかる。

　シャーマンの動きについて，オルセンは次のように書いている。

「彼は立ちあがり，なにかをつぶやきながら，時々衣装を揺らした。動きがだんだん速くなり，声が大きくなり，太鼓の音が激しくなり，肩がぶつかりあった。シャーマンは太鼓を力強く，規則正しくたたいた。空中への旅がはじまった」

第4章 儀礼：所作と象徴

まま動かないが、これは、シャーマンが下の世界におりているテントを小宇宙に見たて、さまざまなしぐさによって、自分が複数の世界を超えて旅しているようすを見せるのである。

旋回は、シャーマンがよく使う技術である。シャーマンは、衣装を飾るリボンが遠心力で舞いあがるまで、猛烈な速度で何度もその場で回転する。衣装についているたくさんの金属製の装飾も大きな音を立てて鳴りひびく。シャーマンの肉体から発せられる視覚的・音声的な情報によって、儀礼の参加者は、シャーマンが仮想空間を移動していることを理解する。テレウト族のシャーマンの旋回は、天界の層から、さらに上の天界の層へのぼっていることを示している。ドルガン族やツングース族のシャーマンは、太陽の方向（右向き）に旋回するときに天界へのぼり、反対方向（左向き）に旋回するときに下の世界へ行くことになっている。

シャーマン自身にとって、旋回は部分的に現実空間におけるバランスを失わせ、精神的に仮想空間へ投げだされることになる。そのため、現実空間と仮想空間の微妙な調整をとる

「**彼**は動きを止め、身を乗りだして、ゲルの壁に視線を注いだ。その顔には、恐怖と驚愕が示されていた。彼は、肺の奥から出てくるようなこもった声で話しはじめた。なにかに遭遇したようだ。ゲルのなかは完全に静まりかえっていて、みな、すっかり心を奪われていた。シャーマンは話をやめ、突然太鼓をたたきだし、その場で何度もくるくるまわると、長いリボンがほとんど水平になるまでひるがえった。彼は息を弾ませて、太鼓を横にして、バチを使ってそこからなにかを出し、口にもっていって、音を立てながら飲むしぐさをした」

オリエン・オルセン

079

高度な技術を駆使する必要がある。

## 死者との対話

シャーマンと精霊の関係と,俗人と精霊の関係は,対話の形によってあきらかに異なっている。俗人は,精霊や神々に対して一方的な祈りを捧げるだけだが,シャーマンは,目に見えない存在である精霊や神々から返事をもらうことができる。シベリアの儀礼で,もっとも印象的なのは,おそらく死者との対話だと思われる。

チュクチ族,ナナイ族,チュルク系民族,エヴェンキ族をはじめとする多くの民族で,死者の魂と語ることは,シャーマンの役割のひとつとなっている。シャーマンは死者に自分の運命を受けいれ,生者を連れていかないように説得する。シャーマンは死者の魂をよびだし,養ったあと,魂を死者の国に案内する前に,親しい人たちと縁を切るようにいう。死者が魂でしかないことをわからせるために,死者が座ってい

⇩ナナイ族(ロシア,アムール川流域)の追悼儀礼(1991年)——ナナイ族は,死者と家族のつながりが死後すぐに消えるとは考えていない。

まず最初に,死者の魂はシャーマンによって物体に宿らされ,その物体は家族に養われるが,それはときに数年間におよぶことがある。その後,「カサ」と呼ばれる追悼儀礼が行なわれ,シャーマンが死者の魂を死者の世界に決定的に送りこむ。

下の写真は,2体の人形を使った追悼儀礼の様子を撮影したもの。

る枝を折ることができないことを説明することもある。

　儀礼の最後には、シャーマンの仲介によって、家族と死者が、死によって自分たちは決定的に引き離され、以後、別の世界に属することになる事実を認めるようになる。

## イスラム教徒のシャーマンの治療

　イスラム教徒のシャーマンが行なう儀礼は、北アジアのシャーマニズムとも、北アジアのシャーマンがイスラム社会で存続するために採用しなければならなかった折衷様式のシャーマニズムとも異なっている。まず、イスラム教徒のシャーマンは集団儀礼を行なわず、個人の家へ行き、医師が治せなかったり聖職者の祈りが役に立たなかった病気の治療をする。また、イスラム教徒のシャーマンは、連れ去られたり迷った魂を探すために、上の世界へ旅することもない。

　病人の体内を精霊が占拠していることが病気の原因とされ

⇧埋葬儀礼（ロシア、トゥヴァ共和国、2007年）——トゥヴァのシャーマンは、死者の魂を死後49日目に見送る儀礼を行なう。49という数字は、仏教からとりいれられたものである。この儀礼の目的は、死者を生者から「切りはなす」ことにある。死者の近親者がうつ状態になったり、自殺した場合、この儀礼が失敗したとみなされる。

　薪の上に、肉、ペリメニ〔ロシアの餃子〕、飴、タバコが置かれ、火のなかに死者の魂をよびよせたあと、シャーマンは炎にウォッカを注ぎながら、死者の魂が決定的にこの地上から離れるよう、説得を試みる。

るため、治療は侵略者である精霊との交渉、あるいはシャーマンと補助霊たちによる侵略者である精霊との戦いが基本となる。治療法には、2種類ある。そのひとつは「大きい治療」で、複雑な儀礼と多くの象徴を使い、病人の体内に寄生している精霊を遠くへ追いはらうために行なわれる。もうひとつは「小さい治療」で、それほど大がかりな儀礼ではなく、厄介な精霊を生命のあるもの（小動物）や生命のないもの（頭蓋骨、水、卵など）に移すために行なわれる。

しかし、大きい治療と小さい治療は、ときに重なりあうこともある。なぜなら、精霊を追いはらうときに、精霊を別の場所に移す形をとることもあるからである。この2種類の治療法は中央アジア全域で見られるが、小さい治療のほうは、中央アジアの外縁に広がるトルコやバルカン半島でも行なわれている。どちらの治療でも、シャーマンは精霊と戦ったり、精霊を誘惑したり、精霊をだますために遊んだりすることで、精霊を病人の体内から外へ出そうとする。

大きい治療は、使われる儀礼用具のなかに楽器があり、

↓**カザフ族のシャーマンと患者（19世紀末）**——全員がきちんとポーズをとったこの写真で、シャーマンはコブズ〔弦楽器〕をもって、横たわった病人に向きあっている。両脇には、いけにえにされる2頭のヒツジも写っている。

ヒツジの血と肉の一部は、精霊への供物となる。精霊に応じて、いけにえとして選ばれるヒツジの毛色は異なる。ヒツジの肉の一部は、儀礼の参加者全員が集う会食で食される。ヒツジの毛皮と肉の一部は、報酬としてシャーマンにあたえられる。

楽器が中心的な役割をはたす。また，多少とも強制的にイスラム教の影響を受けているが，シャーマニズム独自の儀礼に近い要素が残されている地域と，残されていない地域がある。残されている地域は，牧畜を行なっていた遊牧民が住んでいたところで，イスラム教が根づかなかった，カザフ族のステップ，キルギス族の山岳地帯，トルクメン族の砂漠（現在のカザフスタン，キルギスタン，カラカルパクスタン，トルクメニスタン）である。

シャーマニズム独自の儀礼に近い要素が残されていない地域は，定住民が農業に従事していたところで，現在のウズベキスタンやタジキスタンがそれに相当する。

⇧クズルス・キルギス自治州（中国，新疆ウイグル自治区）の儀礼（2004年）──ひとりのシャーマンが，ゲルの天井の穴と地面のあいだに，精霊の世界との境界線となるロープを張っている。別のシャーマンが，ろうそくを準備している。

ファーティマの伝説（⇨p.40）にもとづくこの儀礼は，ロシア帝国時代のカザフ族が行なっていたが，ソ連時代に姿を消した。現在この儀礼が存続しているのは，新疆ウイグル自治区とトルクメニスタンである。

## ステップと高山での儀礼

カザフ族とキルギス族のシャーマンはコブズとリュート〔共に弦楽器〕を使うが，トルクメン族のシャーマンが使うのはリュートだけである。さらに，鉄製の鈴がついた太い杖が使われることもある。儀礼のなかでもとくに目につくこの杖は，イスラム教が受けついだ古代イスラエルの指導者モーセの奇跡の杖と，北アジアのシャーマンたちがもっている「馬の頭の装飾がほどこされた杖」を合体させたものである。

治療のことは，カザフ族ではジキル，ホラズムとカラカルパクスタンのトルクメン族ではザヒルと呼ばれる。ジキルは神の名をくりかえしとなえるイスラム教のジクルから，ザヒ

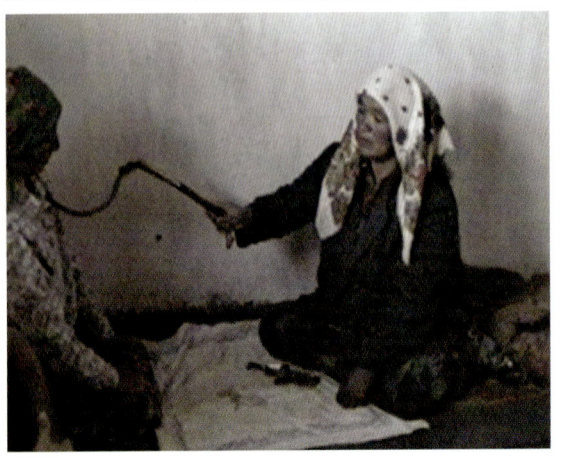

⇦キルギス族のシャーマン（1996年）——現在の中央アジアでは，一般的に鞭がコブズのかわりに使われている。ほかの楽器と同じく，フクロウの羽根で飾られていることもあるこの鞭の使い方は，夢のなかで精霊によって伝授される。

⇩テルマン村（カザフスタン）のシャーマン，ザマンベク（1994年）——治療儀礼において，精霊たちが彼に超人的な力をあたえることを示すために，ナイフを飲みこもうとしている。

ルはジクルの声楽版にあたるジャヒルからとられたものである。これらの地域ではシャーマンの治療とスーフィーの集いが同一視される傾向が強いが，それはスーフィー教団がわずかながら活動しているためである。

これらの地域における治療はかなり荒々しく，有害な精霊を追いはらうために病人も激しく戦わなければならない。儀礼のあいだ，ときに病人は失神したりエクスタシー状態になり，そのようなときは，馬，ラクダ，鳥などの動きをまねて踊ったり，動物の鳴き声を発することもある。

## オアシスでの儀礼

ウズベク族とタジク族のシャーマンは，太鼓を好んで使う。治療のことは，ロシア語でセアンス（「セッション」の意味），あるいはアラビア語でハルカ（「輪」の意味）

という。儀礼は，カザフ族やキルギス族のシャーマンが行なうような派手なものではなく，おごそかなイスラム式のものでなければならない。治療は決まった場所ではなく，病人の自宅で行なわれる。

治療は，何段階かにわけて進められる。占い，いけにえ，イスラム教の祈り，シャーマンの補助霊に加護を求める祈りの歌，そして有害な精霊を追いはらう本来の意味での治療である。この最後の段階では，シャーマンと精霊の戦いが行なわれることも，行なわれないこともある。しかし，おおまかな原則はあっても，儀礼の内容は地域によって非常に異なっている。

儀礼のあいだ，病人は普通，頭を布でおおうか，目隠しをする。ろうそくが頭の上か両手に，コーランと共に置かれることもある。ほかにも，多くの象徴的な意味あいをもつ儀礼用具が使われる。たとえば，精霊の食物となる供物，燃やすために木綿糸でつくられた火縄，いけにえにされた動物の血が入った椀，火のなかに投げこまれる人形などがあげられる。シャーマンは，円，輪舞，旋回から着想を得た踊りを踊るが，ときには儀礼の参加者たちもその踊りを踊るよう求められることがある。

⇧治療儀礼を行なうタジク族のシャーマン，ナジル・バクシ（1995年）──まず最初に，彼は太鼓をたたく。その後，太鼓の木の部分にはめ込まれた鉄の輪を鳴らして動物の物音をまねながら，その太鼓を病人の体のまわりでまわす。

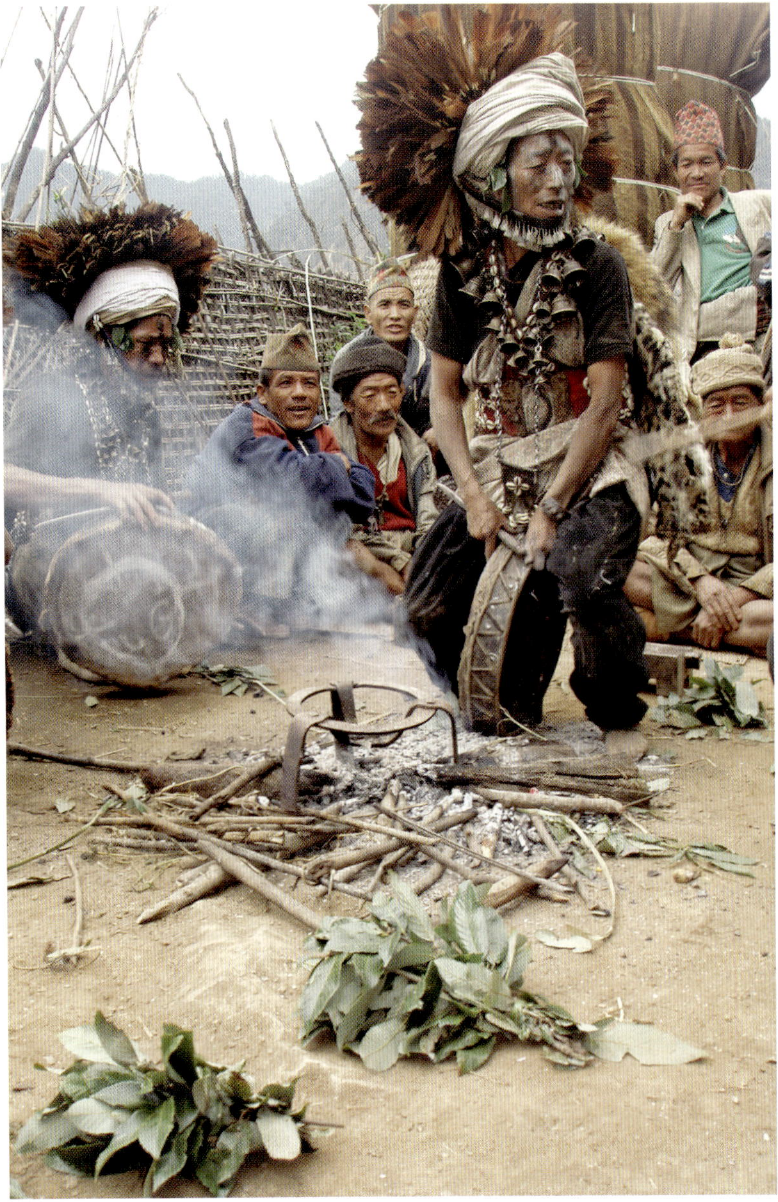

❖ シャーマンになった人は，さまざまな道具を使うことによって，精霊たちを制御することができるようになる。旅をするための乗り物でもある太鼓，ヴィオール，リュートは，精霊たちの気を引いてよびよせるものであると同時に，精霊たちの住まいの役割をはたすこともある。これらの道具は非常に立派なものが多く，シャーマンが宇宙を通して「自分の位置を定める」ことを助けている。

# 第 5 章

# 音楽と儀礼用具

〔左頁〕儀礼用の太鼓にまたがるマガル族（ネパール）のシャーマン（2006年）──シャーマンにとって，楽器はたんなる楽器ではない。たとえばシベリアでは，太鼓はシャーマンの乗り物であることが，はっきりと定められている。またトルコでは，リュート〔弦楽器〕はシャーマニズムと強く結びついており，吟遊詩人たちはリュートを魂が宿るもの，治療する力をもっているものとみなしている。

⇨リュートとフルートの名手で，偉大な神秘詩人でもある，ネイゼン・テヴフィク（1879～1953年）

## シベリアにおける太鼓

　太鼓は，北アジアのシャーマンがみな使っている楽器である。太鼓がなければ，シャーマンは力を発揮することも，大規模な儀礼を行なうこともできない。ユカギール語で，「シャーマンが儀礼を行なう」という言葉は，「太鼓をたたく」という言葉と同義語である。ソ連時代には，太鼓を手にすることができなかったため，シベリアの大勢のシャーマンが錯乱状態になったり，自殺したりした。

　シャーマンは，左手で太鼓をもつ。太鼓は片面だけ，たいていは野生動物の皮でできた膜が張られている。バチをもった右手で，シャーマンは場面に応じた音を出すように太鼓をたたく。精霊をよぶときは軽くたたき，精霊が来たことを告げるとき，あるいは敵を攻撃するときは，強くたたく。

　太鼓を手に入れて，太鼓に生命をあたえることによって，シャーマンは完全にその職務をはたすことができるようになる。夢のなかで精霊に指示された方法で，シャーマンは太鼓をつくる。太鼓は，奇妙な材料でつくられる。モンゴル族やエヴェンキ族は，太鼓の枠として，雷に打たれた木やねじ曲がった木を使い，テレウト族，エヴェンキ族，ユカギール族は，太鼓の膜として異常な毛色の動物の皮を使う。生命をあたえる儀礼では，目に見えない存在，一般的には膜として使うために殺した動物の魂を太鼓に宿らせる。

　エヴェンキ族の太鼓に生命をあたえる儀礼で，若いシャーマンは太鼓をたたきながら，シャーマンだった先祖の生涯と，自分が夢のなかで切り刻まれたときの試練について語る。そのあと，この太鼓がどのような動物の皮とどのような木でできているかを説明する。最後に，試練がはじまったときから自分の体内にいる精霊たちを太鼓のなかに移す。両ほほを太鼓にこすりつけながら，シャーマンは精霊たちに，太鼓のなかに身を落ちつけて，忠実に自分の命令に従うよう求める。この儀礼によって，シャーマンは内面の苦しみや自分が見た

⇧太鼓を杜松で燻蒸する，現代のトゥヴァのシャーマン——この太鼓の柄には，太鼓の主で，太鼓を「生命の宿る道具」にしている精霊の顔の像がついている。

　シャーマンによれば，「この太鼓は，人間のように叫び，怒り，笑う」という。シャーマンは歌のなかで，この太鼓によびかける。

第5章 音楽と儀礼用具

↓東トゥヴァのシャーマン、ソイアン・ショーンチュルの太鼓の膜の図柄(20世紀中頃のデッサン)——9つの星の下、マツの木のあいだにシカが描かれている(この太鼓の皮がシカの皮であることをあらわしている)。

ほかのテュルク系民族の太鼓と同じく、動物の像は、正面から見て右を向いているように描かねばならない。ショーンチュルの弟子の説明によれば、シャーマンが太鼓を乗り物として使うとき、シャーマンと太鼓が同じ方向を見る必要があるからである。太鼓を左手でもったとき、膜の右の部分にシカの頭がくるようでなければならない。

夢をおもてに出し、以後、それらを制御することができるようになる。

太鼓は、精霊が集まる場所である。テレウト族のシャーマンは、精霊が多ければ多いほど、太鼓は重くなるという。文字どおりシャーマンの開かれた肉体の縮図である太鼓には、膜が片面しか張られていない。なぜなら、太鼓は宇宙の目に見えないすべての力と流れに開かれていなければならないからである。

分身であり相棒でもある太鼓は、シャーマンが旅をするときの乗り物としても、たびたび使われる。シベリアのチュル

ク系民族のシャーマンは、太鼓に生命をあたえる儀礼のとき、太鼓に乗ってはねまわりながら、太鼓を乗り物として調教する。セルクプ族やエヴェンキ族のような狩猟社会では、シャーマンが狩猟のまねごとをして、獲物をしとめるしぐさをする。いずれにせよ、最初は野蛮で反抗的な太鼓を、シャーマンは自由自在にあつかうようになるのである。

## 中央アジアにおける太鼓

イスラム教徒のシャーマンも、楽器を重要視している。しかし、地域によって使われる楽器は異なる。一般的に、定住生活を送るウズベク族、タジク族、ウイグル族では太鼓が、ステップに住むカザフ族、キルギス族、トルクメン族では弦楽器が使われる。神話や口伝によると、音楽は精霊たちから人間に伝えられ、楽器は精霊とシャーマンの仲介者の役割をはたしているという。楽器は、精霊たちの気を引いてよびよせたり、精霊たちの一時的な避難所となったり、精霊たちを追いはらうために使われる。

その上、シャーマンは楽器が生命そのものだと考えることが多く、ひとつ、あるいは複数の補助霊が楽器に生命を吹きこんでいると断言している。つまり、イスラム圏のアジアにもシベリアの伝統が部分的に引きつがれているのである。

とはいえ、イスラム圏のアジアでは、音楽は悪魔にとりつかれた活動とみなされ、人間を惑わし、宗教的理想から遠ざけるものとして禁止されている。楽器は、「悪魔の祈祷時報係」などと呼ばれている。イスラム教の影響力が強いオアシスでシャーマンが太鼓を所有している事実は、イスラム教が弦楽器や管楽器を完全に禁じているのに対して、打楽器は比較的大目に見ていることを意味している。

太鼓は、シベリアのシャーマニズムとイスラム圏のシャーマニズムが直接あきらかな関係をもっていることを示している。太鼓を意味する言葉のひとつである「チルディルマ」は、

⇩中央アジアのシャーマン（20世紀初頭）——シベリアの太鼓とは異なり、タジキスタンやウズベキスタンの太鼓には、柄やバチがない。クワの木とヤギの皮でつくられ、金属製の輪がついた直径30〜40センチメートルの太鼓は、亡くなったシャーマンから受けつぐのが一般的である。

膜の内側には、天体、十字形（太陽の記号）、三日月、円などの象徴が描かれている。

この写真には、20世紀初頭の中央アジアで広く行なわれていたろうそくの儀礼に、音楽を組みあわせているシャーマンの姿が写っている。

ペルシア語で数字の40から派生した言葉で、40人の精霊（チルタン）をよびよせることが太鼓の重要な役割であることを思いおこさせる。事実、ウズベク族とタジク族のシャーマンたちは、針で開けた40個の小さな穴がなければ太鼓は正式な楽器として認められず、シャーマンと密接な関係を結ぶことができないといっている。この穴がないと、太鼓の音は不完全だという。

⇧**タジク族のシャーマン（1996年）**——1995年で63歳になったこの女性は、13歳で手足の麻痺が治ったあと、80日間部屋にこもり、そこで師から太鼓の技術を学んでシャーマンになった。

儀礼のあいだ，太鼓には儀礼のためにいけにえにされた動物の血が塗られることがよくある。ときには，膜の内側に，荒削りのデッサンが血で描かれることもある。シャーマンは，自分がシャーマンとして選ばれたときに，夢のなかで精霊たちに太鼓のたたき方を教わる。1983年に，ウズベク族のあるシャーマンが，ロシアの人類学者バシロフに説明したところによると，病気になった彼は聖人の墓に巡礼し，そこで見た夢のなかで，踊ったり太鼓をたたいている8人の女性の精霊に出会った。精霊たちは彼の病気を治し，太鼓やリュートの演奏方法を教えたという。

## ■カザフ族のヴィオールからアナトリアのリュートまで

　北アジアと非常に近いイスラム教徒のシャーマンであるにもかかわらず，カザフ族とキルギス族のシャーマンは，太鼓より弦楽器のコブズ（ヴィオール）を好んで使う。弦楽器も，神話によると，精霊たちによって人間に演奏方法が伝えられたとされている。

　吟遊詩人たちがシャーマニズムの起源の名残を伝えるトルクメン族が住む砂漠やアゼルバイジャンでは，リュートは魔法の道具とみなされている。イスラム教の預言者ムハンマドのいとこアリーの伝統的な馬丁，カンバル・アタは，ドタールという棹（さお）の長いリュートを発明した人物とされているが，

↑コブズを弾く悪魔——コブズには，馬の毛でできた弦が2本か3本ついている。棹は，金属製の垂れ飾り，細長い布，ときにはシマフクロウの羽根で飾られている。コブズの先端，棹，胴は，それぞれ人間の頭，胸，脚に相当する。

　14世紀から15世紀にスィヤフ・カラムが描いたとされているこのデッサンから，コブズが古い時代から存在していたことがわかる。

彼は悪魔の助けを借りなければ、この楽器の音を出すことができなかったという。そのため、ドタールの棹の上端についているナット（上駒）には、「悪魔」という名前がついている。

　一般的にイスラム教の聖職者は、精霊はみな不吉な存在なので、人間が精霊と接触することは避けなければならず、アッラー以外の仲介者に助けを求めてはならないと考えている。しかしシャーマンたちは、幸運をもたらす精霊は悪魔と戦うときの助けとなると主張している。また、シャーマンの死後、所有していた太鼓が墓の近くの木の上に置かれると、音が鳴りつづけるといわれている。同じように、伝説によると、音楽家と吟遊詩人の守護聖人であるコルクト・アタの墓の上に放置された彼のヴィオールが、毎週金曜日に、まるで亡き主人を悼んで泣いているかのような物悲しい音楽を奏でたという。

　さらにアナトリア（小アジア）では、16世紀アナトリアの吟遊詩人で治療師のカラカオグランの祝祭時に、巡礼に来た吟遊詩人たちが自分のリュートを、彼の墓の近くにある杜松（ねず）の枝にぶらさげるというしきたりがある。

　ヴィオールはソ連時代に急速に衰退し、中央アジアでは20世紀

↓コブズを弾くテルマン村（カザフスタン）のシャーマン、ザマンベク——彼は精霊と取引する宿命をもった肉体で生まれ、長い闘病生活をつづける子ども時代を送ったが、13歳のときに病気が治り、シャーマンになった。

　彼は、コブズ、短刀、鞭を使って、人びとの治療を行なった。そのすぐれた技術は大勢の人をよびよせ、1990年代にはカザフスタンのテレビ番組も彼の特集を組んだ。

　彼は馬のように荒い鼻息を立てながらコブズを演奏し、聴衆を熱狂させた。1995年に彼が亡くなったあと、この楽器を使うシャーマンはいなくなった。

末ころに完全に姿を消した。こんにち，イスラム教徒のシャーマンたちが使っている唯一の楽器は，太鼓である。カザフ族やキルギス族では，以前は付随的なものとして使われていた象徴的な儀礼用具がヴィオールにかわって使われるようになった。杖，鞭（むち），ナイフ，数珠（じゅず），コーラン，刀などである。これらの儀礼用具は，鞭や刀は精霊と戦うため，数珠やコーランはイスラム教の力を借りて戦うときに祈るため，という発想からきている。ここではコーランは象徴的な役割しかはたさず，中身が読まれることは決してなく，ただたんに並べられたり，病人の頭の上に置かれたりするだけである。

## ■衣装：宇宙である肉体

何十もの革ひも，動物の毛皮，金属製の垂れ飾り，鈴で装飾されたシベリアのシャーマンの衣装は，奇妙な象徴を乱雑に寄せ集めたものではない。これは，シャーマンの肉体と先祖たちの肉体と世界の関係を考えるための道具なのである。

もっともよく見られる装飾は，刺繡や金属板によって表現された骨格である。この骨格は，シャーマンが先祖から受けついだ特殊な骨を外部に見せることで，シャーマンのアイデンティティーそのものをあきらかにしている。このような衣装は，シャーマンの肉体の二重性を人びとに示す。シャーマンは，二重の手や二重の顔，つまりさまざまな「私」を見せることで，自分のなかにある先祖について語ったり，複数の空間に同時に自分を存在させる。骨格の上には，シャーマンの肉体を特定の方向に沿ってつくられた空間的秩序に組みいれるように，

多数の精霊や流星の像が配置される。衣装の上部は，上の世界を反映している。シャーマンの帽子は，シカの角，空の動物，猛禽類の羽根など，天空を思わせるさまざまな要素で飾られている。上着の肩には，羽根，鳥の像，太陽や月の象徴がとりつけられる。上着の下部とブーツには，下の世界への道の番人であるたくさんのヘビ，クマの爪，ヒキガエル，カワウソが描かれる。

このような衣装は，「旅」をともなう複雑な儀礼を行なうときにしか必要ではない。事実，衣装の役割のひとつは，シャーマンと儀礼の参加者たちが精神的にひとつになって仮想空間を出現させる助けとなることである。

イスラム教徒のシャーマンの衣装は，とくにソ連時代以降，あきらかにもっと簡素である。以前は，カザフ族のシャーマンは白鳥の羽根がついた帽子をかぶっており，飛びはねたときに，本当に空に舞いあがるような錯覚を参加者たちに起こさせた。なかには，放浪生活を送る神秘主義者のように，いろいろな色の布で継ぎをあてた上着を着ているものもいた。しかし一般的に，イスラム教徒のシャーマン，とくに女性のシャーマンは，現在のように，白い服を着て，白いヴェールをかぶっていた。

## シャーマニズムの技術

豪華な装飾がほどこされたシベリアのシャーマンの衣装

〔左頁〕セルクプ族のシャーマンの衣装の背——この衣装は，宇宙の縦の秩序をシャーマンの肉体に投影する役割をはたす。

頭には，「天界への旅」のための，鉄製のシカの角が乗せられている。両肩には双頭のツルがとりつけられ，両脇には金属製の肋骨が見える。

衣装の下部には，下の世界の住人とカエルが2列に並んでいる。ブーツには，シャーマンを下の世界に案内するクマの爪がついている。

⇧額飾りと羽根のついた帽子をかぶった，現代のトゥヴァのシャーマン

は，宇宙と肉体の関係を感覚的に伝える役割をはたしている。また，神殿をもたない遊牧民の社会でシャーマンが複雑な儀礼を行なうことを可能にしている。

　一般的に，シャーマンの肉体の左半分は，下の世界，暗い世界と結びつけられ，右半分は，上の世界，明るい世界と結びつけられる。南シベリアのトジュ地方のシャーマンの衣装の右肩には，病人を救うための赤い革ひもが，左肩には，敵を捕まえて罰するなど，「陰気なことを行なう」ための黒い革ひもがついている。北方のサモエード族のシャーマンの衣装は，右半分が太陽と関連し，左半分が夜の世界と関連している。このような決まりがあるため，シャーマンの横の動きの意味を，儀礼の参加者は簡単に理解することができる。

　シャーマニズムの儀礼では，木でつくられた一時的な装置を準備する必要が多かった。ブリヤート族は新しいシャーマンの認定儀礼を行なうとき，何十本もの木に，鈴，動物の皮，ロープをつけ，それぞれの木のあいだをさまざまな色のリボンで結んだ。シャーマンとなるものは，これらの木のそばで立ちどまり，「9つの天界」を上昇していくようすを見せるため，木のあいだをのぼらなければならなかった。このように，仮想空間におけるシャーマンの動きが，現実空間のなかに組みこまれたのである。

　儀礼用具に描かれた人物や動物は，普通はさまざまな道にシャーマンを導く案内人の役割をはた

⇧ウデヘ族のシャーマンの儀礼（ハバロフスク，極東シベリア，1930年代）──胆汁の溢出に苦しむ病人が，雪のなかに植えられた若木の列によって示された道を，うずくまったまま進んでいる。この道は，現実空間と，儀礼によって生じる仮想空間を結びつける役割をはたしている。

第5章 音楽と儀礼用具

〔左頁〕ヌガナサン族のシャーマン, ツビアク・コステルキンの儀礼用衣装の背（20世紀初頭）――この衣装を着たシャーマンの肉体は, 対照的な左右の部分にわかれる。左半分は, 黒, 闇, 冬, 右半分は, 赤, 太陽, 春と結びつく。

また, 右の手袋の指は5本あるが, 左の手袋の指は, 内的世界の精霊の手と同じく, 3本しかない。シャーマンは, 右手を使って地獄から抜けだし, 上の世界へ行く。一方, 左手を使えば, 内的世界の精霊たちのもとへ, 自分も精霊のひとりとして行くことができる。

ふたつの部分からなる, 儀礼で使われるこの衣装は, 人体に関するサモエード族の考えを思いおこさせる。それは, 左側への動きは太陽と反対の方向の動き, つまり暗い方向への動きで, 災いをもたらす結果を招くという考えである。

している。つまり, シャーマンの儀礼用具は必要事項を網羅した静的で辞書的な性格よりも, 運動方向の全体性を表現する動的な性格のほうが強い。たとえば, 地理全体が描かれた地図というよりも, コンパス, あるいはGPS〔全地球測位システム。人工衛星を利用して, 自分の現在地を正確に知るシステム〕のようなものだといえる。現実空間と仮想空間の関係や, 現在と過去の関係を判断するために役だつ高度に複雑な道具である儀礼用具は, 文字どおりシャーマニズムの技術の賜物なのである。

# 欧米のネオ・シャーマニズム：儀礼用具の衰退

1970年代以降, ミルチア・エリアーデの著書から影響を

受けたシャーマニズムの神秘的解釈が，欧米のいわゆるニューエイジと呼ばれる新しい潮流のなかで広まっていった。元人類学者のマイケル・ハーナーは，アマゾン川上流域に住むヒバロ族と生活したときの体験をもとにシャーマンの教えをまとめ，本やワークショップで広く一般の人びとに知らしめた。

世界的に普及したこのネオ・シャーマニズムは，キリスト教の霊的な啓示に似たものととらえられ，キリスト教徒が行なう内観のような方法で自分自身を発見する練習を実践の中心に置いている。しかし実際には，自分の内面に意識の変化を探るのではなく，アジアのシャーマニズムで重要とされてきた儀礼用具をやたらといじるだけで満足してしまっている。

一方，「個人的な成長」を助けるために儀礼用具を使う「太鼓クラブ」と称するネオ・シャーマニズムのグループもいくつか存在する。さらに，アジアではシャーマンの資質が認められるのはかぎられた特別の人だけだが，民主主義の理想から着想を得たネオ・シャーマニズムは，学べば誰でもシャーマンになることができると主張している。シベリアではなじみのないシャーマニズムへの「イニシエーション」などというものが，インターネットやメディアではかなりな成功をおさめている。

## 点線状の未来

シベリアや中央アジアでは，さしあたり，アマゾン川流域よりも，欧米のネオ・シャーマニズムの影響はあきらかに少ない。もちろん，遊牧民が定住化し，農村住民が生まれそだった村を離れるようになると，シャーマンのなかにも大都市に移住するものが出てきて，ロシアのニューエイジや医療補助への関心などによって，彼らの技術にも大きな変化が見られるようになった。

しかし人里離れた地域，たとえば，カザフ族が住むステッ

⇧トルコのイスタンブールを中心に活動する音楽家たちが，アジアのシャーマニズムから着想を得た「音楽療法」のCDを出している。

第5章 音楽と儀礼用具

プ，トルクメン族が住む砂漠，キルギス族が住む山岳地帯，新疆ウイグル自治区では，シャーマニズムの信頼を失わせようとする政府の努力にもかかわらず，昔ながらのシャーマニズムが残っている。都市部でさえ，たまにやってくる欧米人に，彼らが期待している神秘的な話をするシャーマンもいるが，そのようなシャーマンたちも，地元の人の具体的な依頼にこたえて，実用的な儀礼を行なっている。

どこででも，シャーマンは環境に順応する。シャーマンたちは，かつてソ連による大きな弾圧を経験した。その彼らが，いまは思いがけない欧米人の熱狂に直面しているのである。

⇧欧米人観光客とトゥヴァのシャーマンたち（2003年）——国境が開かれた現在，欧米人がシャーマンと実際に交流する機会も生まれているが，誤解が消えたわけではない。シャーマニズムに魅了された欧米人は，自分たちの伝統を捨てようと考えるが，シベリアのシャーマンは自分たちの先祖と宗教的遺産を大切にするよう，彼らに助言している。次頁は，アルタイ山脈のシャーマン（19世紀末〜20世紀初頭）

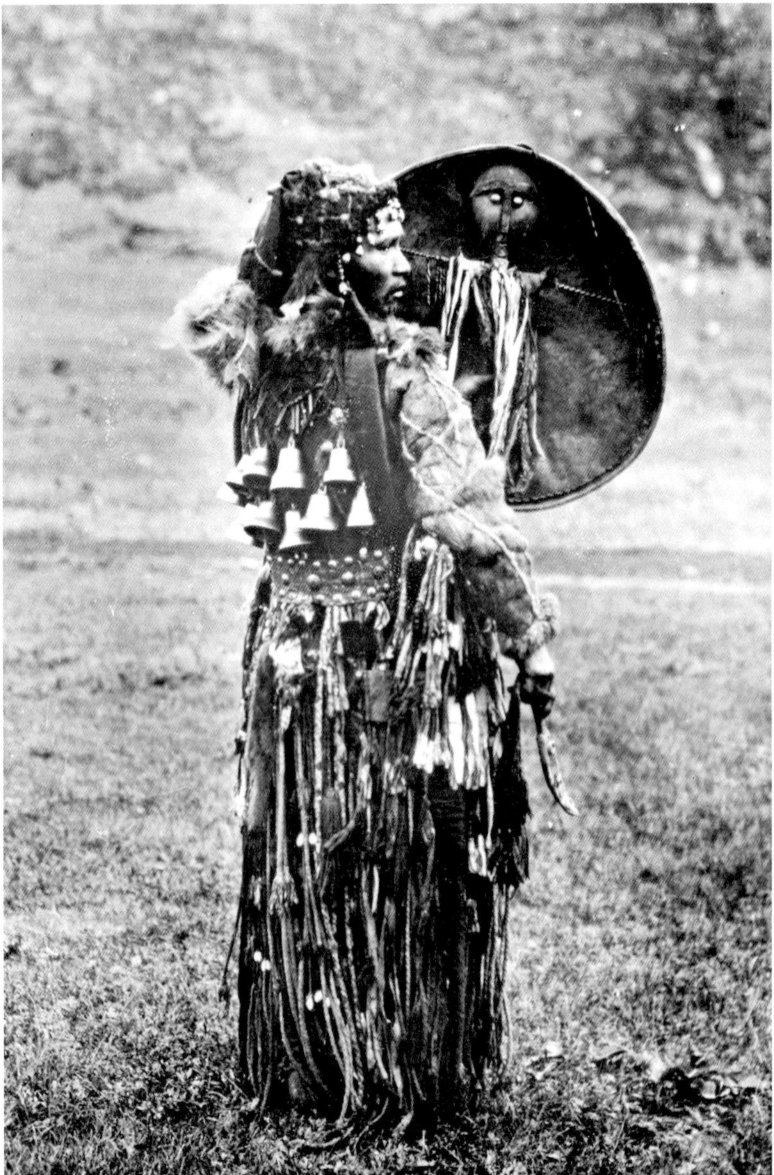

資料篇
# シャーマンたちの実像

⇧ケット族のシャーマンの一家
トゥルハンスク　20世紀初頭

# 1 シャーマンたちの証言

シャーマンたちの自伝は，非常に明確な規則にのっとった物語として語られる。そこには彼らひとりひとりの人生における偶然の出来事と，本物のシャーマンであることを示す典型的なエピソードが織りまぜられている。

語り手であるシャーマンは読み手に対して，自分は熟慮の末にこの職務を選んだのではなく，生まれたときから抵抗できない状況に自分の肉体が従っただけだ，つまり自分の人生は運命によって決定されたことをのべている。

## 切り刻まれたシャーマン，スピリドン・ゲラシモフ

1930年代に，北ヤクート族の有名なシャーマン，スピリドン・ゲラシモフは，シャーマンになる以前の幻覚に苦しめられた試練の時期を，次のように回想している。

ある晴れた冬の日，私はトナカイに乗って，ほかのトナカイたちを探しにいった。日が暮れはじめたころ，突然，私は背中に強い衝撃を覚えた。誰かが私をたたいたのである。氷水に浸かったかのように，体中が寒くなった。顔をあげると，3羽のカラスが見えた。1羽の頭は白く，もう1羽はまだら模様で，最後の1羽は普通の黒いカラスだった。この奇妙な出来事に当惑した私は，あまりにじっと目を凝らしていたので，めまいがして意識を失い，地面に倒れこんだ。倒れる瞬間，私は声を耳にした。
「これは，われわれが探していた男だ」(略)

春になると，身近な人びとに言わせると私は完全に気が変になった。7日間，彼らは私を柱に縛りつけておかなければならなかった。6日目の夜，私はふたたび幻覚を見た。最初に，声がいった。
「おまえを北の老女たちのところへ連れていく」

その声が聞こえたあと，私は汚いゲルに連れて行かれ，頭を切断され（とてつもない痛みを感じた），肉体を切り刻まれて，鉄製のゆりかごのなかに置かれた。ゆりか

ごのなかで、肉体の断片はふたたびくっついて、正常な形に戻った。私は色とりどりの糸で縫合され、ゆりかごのなかで揺らされた。そのあと、抜糸され、骨と筋の数が数えられた。

「骨が1本、筋が3本余分にある」（略）

次に、私はシャーマンの重たい衣装を着せられ、脚よりも長いバチと太鼓をもたされ、こういわれた。

「おまえは、火の尾を手に入れた！ 以後、おまえの息は軽くなる！ おまえは、恐ろしいクマの口を手に入れた！ 毛が生えかわったクマの血走った黒い目を手に入れた！ おまえは、鋭い聴覚を手に入れた！」

私は座り、歌いはじめた。それは、非常に長い時間つづいた。終わると、私は産着にくるまれて、もとの場所に置かれた。

アンドレイ・A・ポポフ

## 帽子をかぶって生まれたシャーマン

ヌガナサン族のディウハディエは、強い力をもった精霊ヴァリオレの影響を受けた、生まれながらのシャーマンだといっている。彼は、帽子をかぶって、つまり胎児をつつむ胞衣をかぶった状態で生まれたが、これはシベリアの多くの民族で、生まれながらのシャーマンの証拠とみなされている。誕生後、彼は肉体が切り刻まれる幻覚を見るなど、シャーマンとしての典型的な過程をたどった。以下は、彼の話の冒頭部である。

私は、生まれる以前にシャーマンになった。母の胎内で、5ヵ月のとき、精霊ヴァリオレが私を発見した。妊娠中の母は、夢のなかでヴァリオレの妻になった。目覚めると、母は家族に語った。生まれてくる子どもは、ヴァリオレのシャーマンになる。自分は子どもが生まれてから死ぬ。そう、ヴァリオレがいったから、と。事実、私は帽子をかぶって生まれ、そのことは母の言葉を裏づける結果となった。

私が3歳のとき、母はまだゆりかごに入っていた私を連れて、（そりで）誰かの家を訪ねようとした。冬の〔一日中太陽が昇らない〕極夜のことだった。途中で、母の耳に、遠くから子どもの泣き声が聞こえてきた。母は振りかえり、私がゆりかごのなかにいないことに気づいた。途中で落ちたのだと考えた母は、びっくりして、泣き声がするほうに向かって走った。走れば走るほど、泣き声は遠ざかった。母は（そりを引いている）トナカイのところに戻った。（そりで）大きな湖を横断しているとき、その先に、母は雪のなかで裸で寝ている私を発見した。そこは、通ってきた道から遠く離れた場所だった。私を暖かい衣服でくるむと、母は急いで家に戻った。私は大事にはいたらなかった。ヴァリオレが私をゆりかごから出して、遠くへ連れて行ったのである。

アンドレイ・A・ポポフ
モスクワ、レニングラード（1936年）
『夜の終わり、ヌガナサン族（シベリア北

極圏）のシャーマニズムに関する試論，モンゴル・シベリア研究』33-34
（2002〜03年）

## 子ども時代の兆候

東トゥヴァの有名なシャーマンの息子E・Bは，子どものころから肉体に障害があったが，同時に非凡な才能も示していた。

小さいころ，私は奇妙な子どもだった。たえず病気をしていた。近所に住んでいたシャーマン，ショーンチュルは（共産主義時代にも，彼のような人はいた），「どうにかしないと，この子の病気は悪化する」

といった。彼は時々，自分の衣装を私に着せ，太鼓をもたせた。13歳のとき，私は非常に重い病気にかかり，両目がふさがり，ほとんど盲目になった。もう，なにも見えない状態だった。その様子を見て，人びとは，

「これは，この子の祖父のしわざだ」

といった。私はたびたび気を失った。

その後，私はそのしわざを検討し，刺激し，わずかに同化させた。そのことで，状況はよくなった。幼いころは，少しばかり厄介だった。まわりの人のことが，すぐに全部理解できたからである。私は両親に，あの人はこんな人，と，次々に説明した。両親には，

「いいかげんに，ばかげたことをいうのはやめなさい」

といわれた。私はそんなふうだった。

そのころから受けつがれているもの，それはクマである。クマは，いつも私に会いに来る。クマの姿をしているので，クマとしかいいようがない。眠っているときにこのクマと出会い，クマがやってきて私をなめると，非常に良い兆候である。しかしクマが逃げると，悪い兆候である。クマは来たり，来なかったりする。

2006年に記録されたもの
シャルル・ステパノフによる
トゥヴァ語からの翻訳

## 2 シャーマンの歌と祈り

歌は，シャーマンの知識の中心をしめている。また，しぐさや踊りと共に，儀礼を飾る役割をはたしている。

儀礼中にシャーマンが口にする歌詞の多くは決まった言葉からなるが，一方で即興の部分も大きい。実際の儀礼の状況に合わせるため，シャーマンには，必要な場合には韻律を整えながら，その場で定型詩をつくる能力が求められる。

### セルクプ族のシャーマンの歌：祖父との対話

セルクプ族（西シベリア）のシャーマンになったばかりのこの人物の歌は，儀礼を行なう「孫」と以前シャーマンだった彼の「祖父」の言葉が，繊細に編みこまれている。つかみどころのないこの対話のなかで，孫は祖父の言葉としぐさをまねるよう，うながされている。セルクプ族では，シャーマンの歌は子孫によって届けられた先祖の「声」とみなされている。

だから，ほら，孫よ，ほら，
たえず歌うのだ！
灰色の祖父の（精霊たち）
祖父よ，あなたが見える。
ほら，7頭のクマ，
たえず正しさを実証する祖父，
そう，たえず歌う祖父。
孫よ，ほら，たえず，
たえず考えるのだ。
私がそう求めたように！
祖父よ，ほら，おまえの祖父，
おまえの祖父よ，私はこう求めた。
孫よ，ほら，たえず，
たえず太鼓をたたくのだ！
私は祖父の（歌を）たえず歌うだろう。
おまえの祖父は，それを身につける。
ほら，歌いながら。
彼はシャーマンの衣装を身につける。
孫よ，ほら，前に向かって，

進みはじめるのだ，たえず跳ねまわりながら。
クマの祖母たち（祖父の補助霊）は休息しない。
頭が麻痺し，私はたえず跳ねまわりながら進みはじめる。
祖父であるクマは，ほら，休息せずに，
ほら，跳ねまわりながら進む。
たえず，孫は正しさを実証する。
彼は，たえず跳ねまわりながら進みはじめる。
たえず，彼は正しさを実証する。体を揺するのだ。
たえず，体を揺するのだ。
私の目の前で，たえず，体を揺するのだ。
たえず，つば（「人間」の意味）よ，ほら，灰色の祖父，
ほら，体を揺するのだ。
その隣で，私も体を揺すろう。

オルガ・カザケーヴィチ<br>
「最近記録されたセルクプ族の<br>
シャーマンの2曲の歌」<br>
『シャーマン』9（2）（2001年）<br>
シャルル・ステパノフによる<br>
英語からの翻訳

## チャンシラン夫人との対話

1954年に記録されたこのモンゴルの歌は，古代の精霊であるシャーマンのチャンシランに加護を求めている。彼女はモンゴル帝国の初代皇帝チンギス・カンの息子の妻で，家庭を守る役割をはたした女性である。儀礼を行なうシャーマンのなかに宿ったチャンシランは，シャーマンの口を通して儀礼の参加者と対話する。この歌からは，モンゴル社会に仏教が根づいていることがよくわかる。

白髪の母，
白いシャーマン，チャンシラン。
120歳で，
木製の知恵の杖をもっている！
メル山が，まだ丘だったとき，
乳海が，まだ水たまりだったとき，
境界のしるしになっている木が，まだ新芽だったとき，
白い斑点のあるシカが，まだ小鹿だったとき，
パンチェン（・ラマ）とダライ・ラマが，まだ少年僧で，
ラマの帽子をかぶっていなかったとき，
あなたは魂の救いを予定なさった，
至高なる白髪の母，
どうぞ，おいでください！

　チャンシランがやってきて，儀礼の参加者たちに語りかける。

白い兵士たちよ，立て。
至高なる皇帝が，
おまえたちの様子をお聞きになっている。
ほんの小さな私の子ウサギたち，
おまえたちは元気にしているか？（略）

参加者たち
―はい、すべてが順調です。あなたは、お変わりありませんか。
―何事もない。私は非常に年をとり、もう、なにもわからない。私は先祖から先祖へ、子孫から子孫へとよろめき歩いている。子どもたちよ、おまえたちの年老いた白髪の母は、飲み物や食べ物がないか自問している。

儀礼の参加者たちは、食物、茶、酒をチャンシランにさしだし、次にシャーマンが彼女に加護を求める。

マリー＝ドミニク・エヴァンによる
モンゴル語からの翻訳
『モンゴル族のシャーマンの歌、モンゴル・シベリア研究』19-20（1988〜89年）

## 病人の魂を探す

この歌のなかで、エヴェンキ族のシャーマンは、病人の魂（オミ）が、悪霊ワラによって「目に見えない川」の下流、つまり死者の世界に連れ去られたと判断している。シャーマンは魚とヘビの補助霊の助けを借りて、死者の魂を探しに行く。

別の道を通って行け！　別の道を通って行け！
別の道を通って行け！　別の道を通って行け！
鳥たちが、旋回せずに
それを送りだした。
それはたしかに、おりていった。
それは下流に向かった。
それはそこに、私の子どもたち（エヴェンキ族）を連れて行った。

子どもたちよ、
なぜ前に行くのか？
そこから行け、私の子どもたちよ！
いま、魂はあちらにいる、
大地の鋭い頂上の上に。
われわれは、あちらへ行こう。
大地のあのいやな場所へ。
そこには、鋭い頂上がある。
大地のまさに中心に。
ふたつの（川の）急流の上に、
3つめの急流がある。
私は4つめの急流で
止められる。
私は5つめの急流で
止められる。
私は6つめの急流で
止められる。
私は7つめの急流で
止められる。
私は8つめの急流で
止められる。

シャーマンは7つの急流より先には行けない。
（略）

私の射手たちをおろせ。
小さな虫，私の保護者，
魚のケチュテル，私の保護者，
ヘビ，私の保護者，
カバノキの燃える樹皮の明かりで
おまえは示す，
私が行く場所を。
カバノキの燃える樹皮の明かりで（略）
精霊ハルジ，精霊メルケン，
斜面の上にのぼれ！
あちらには，
魂はいないのか？
そして，われわれの戦闘力を考えよう。
悪魔ワラ，悪魔ワラ！
私はもう，小さくない。
おまえと同じくらい，小さくない。
おまえと同じくらい強い。
おまえの策略，
病人の精霊
苦しみの精霊，
いまや，8本の刀をもって，
私はおまえに立ちむかう。
切りたった山の頂上で
戦おう。
魂はいないのか？
もっと下流へ，下流へ！
もっと下流へ，下流へ！
夜の母のもとへ，
アビ〔水鳥〕がいる場所（下の世界の入り口）へ。

> グラフィーラ・M・ヴァシレヴィッチ
> 「エヴェンキ族（ツングース族）の
> シャーマンの歌」
> V・ディオシジ『シベリアの民間信仰と
> 民間伝承』所収
> ブダペスト（1968年）
> シャルル・ステパノフによる
> 英語からの翻訳

## トゥヴァのシャーマンの歌：精霊をよびよせる

トゥヴァのシャーマンは，補助霊たち，つまり雄牛，アルビ派〔キリスト教の異端的分派〕の淫乱な娘たち，太鼓，鏡などに，助けを求める。

彼の青銅の角は，天に達する。
錫メッキされた青い輪のついた，
青銅の獰猛な私の雄牛。
彼の口は，詩を味わう。
彼はうしろで，鼻を鳴らしている。
彼は天まで行く。
彼には腰掛のようなこぶがある。
彼は天まで行く。(略)
地面の溝のような膣をもつ娘たち！
すべてのものに，情けをかけてくれ！
淵のように深い肛門をもつ娘たち！
さあ，さあ，情けをかけてくれ！

ああ，ああ！　思いやりのある人！
私の赤褐色の太鼓は，片隅であなたに敬意を表している！
私の赤褐色の放蕩者は，そこであなたに敬意を表している！

あなたの肩, あなたの首を, 引きしめよ!
横縞のある, 私の立派な上着!
情けをかけてくれ!
天からおりてきた
鋼鉄と青銅の鏡!
肩甲骨のほうへおりてきた
私の首!
真っ赤に焼けた青銅!
白いヒツジが大好きな
切り株は白いマットレス。
彼は金色の裂け目のふちで休息する!
白いひげを生やした, 私の母方の祖父!
(略)
鞭(むち)として, 色あざやかなヘビをもち,
銅飾りがついたバチをもって。
思いやりのある人びと!
乗り物として, 聖なるシカ,
盾(たて)として, ゾウの骨,
白檀の杖をもって!
思いやりのある人びと!

ニコライ・カターノフ<br>
『ウリャンカイ族(ソヨト族)の言語, アバカン=タタールとカラガス語』<br>
サンクトペテルブルク (1907年)<br>
シャルル・ステパノフによる<br>
トゥヴァ語からの翻訳

## ウズベク族のイスラム教徒のシャーマンの加護を求める祈り

マリカ=アパは, 1975年代のウズベク・ソビエト社会主義共和国で, 放浪生活を送るカランダル型のスーフィズムと, シャーマニズムの混合を体現した女性である。儀礼のあいだ, 彼女はたいてい, 太鼓をたたきながらキョロール叙事詩を歌った。

尊敬すべき, ガイブ=パリ,
光をあたえてください。
天国の光は, ムハンマドの光はどこに?
この本に夢中になった愛のとりことなり
私は私のカランダル(ムハンマド)のようになった。
この本は天国,
私の叙事詩はこれらの本のなかにある。
人びとから切りはなされて,
私はミル=ハヤムのような放浪者になる。
あなたの短刀の一突きは, 私の心臓を打ち砕いた。
私は涙を流し, あなたは私の心を(苦しみで)傷つけた。
私は死なず, カランダルに加わった。
私はカランダルの砦, 放浪者となる。
ほかに, どうすることができただろう?
短刀の先が, 私の心につきささる。
ああ, 私のまわりにいるものたち!
私は「決して死なない」と決めた,
心は打ち砕かれたとはいえ。
バラが, 庭でしおれるだろうか?
私の心は, 悲しみに満ちているのか?
満たされていない私の魂は, 悲しみの牢獄の囚人。
人の住まないこのステップで, 私はカランダル, 私の詩人になる。

ああ，私は死ぬのだろうか。どうしたらよいのか。
ふたつの世界の輪が，私を深い苦悩に投げこむ。
私のまちがいは，なにか。
ああ，私は（苦しみの）炎で焼かれている。
満たされない欲望のために，私は焼かれる。
結局，ある日，私は死ぬだろう。
悲しみと，この満たされない欲望のために。
結局，私は魂をゆだねるだろう……。
アッラー，フー（アッラー，彼に）……。
絶対に必要な命令は，
「主（神）をたたえる」こと。
創造主の命令は，
「主（神）をたたえる」こと。
アッラー，フー（アッラー，彼に）！

　　　　　　　　ウラジーミル・N・バシロフ
　　　　　「マリカ=アパ，シャーマニズムの
　　　　　　周辺の形，中央アジアの一例」
　　ウラジーミル・バシロフによるウズベク語
　　　　　　　　　　　　　　からの翻訳
　　　　　　　　　　　『精霊たちの駆け引き，
　　　　普遍的なシャーマニズムと宗教』
　　ナンテール，民族学学会（2000年）

# ③ 旅行者たちの報告

16世紀中ごろ以降、ヨーロッパ人はシャーマンの姿を記述するようになった。そこには華々しい儀礼の様子が正確にくわしく描きだされているが、当時の人びとが不吉な力や神と強く結びついていると考えていたシャーマニズムの複雑な機能については、少しもあきらかにしていない。

## シベリアのシャーマンに関するもっとも古い記述

バレンツ海(北極海の一部)のペチョラ湾から北東に抜ける航路を見つけるために探検していた航海者リチャード・ハクルートは、1556年に、サモエード族のシャーマンが熱した剣を自分のへそにつきさした姿を見たといっている。

ペチョラ湾沿岸に住み、ロシア皇帝の支配下にあるサモエード族は、居住地を変えるとき、以下の方法でいけにえの儀式を行なう。

それぞれの家族が、自分たちのテントのなかで、最年長のものを祭司として、いけにえの儀式を行なう。まずはじめに、祭司が、端に動物の皮がついたおおきなふるいのようなものを太鼓のようにたたく。バチとして使う棒は、約1アンパンの長さ〔片手の指を広げたときの、親指の先から小指の先までの長さ〕で、片方の先端は球状になっており、棒全体にシカの皮が貼られている。また、祭司は頭に花飾りのような白い飾りをかぶり、顔を小さな肋骨でできた鎖かたびらのようなものでおおっている。このおおいには、魚の歯と野獣の牙がついている。

そして、イギリスと同じように彼は歌を歌い、祝い、歓喜し、犬のように吠える。その場にいる人びとは、「オワティス、イグハ、イグハ、イグハ」という言葉で答え、それに対して、祭司はふたたび声をかける。

すると、人びとはまた同じ言葉を祭司に返し、それが延々とつづいて、ついには司祭がシャツ一枚になって、気が狂ったように地面に倒れこむ。死んだように仰向けになっているが、呼吸の音は聞こえる。

私は、どうして祭司は横たわったままなのか、と人びとにたずねた。彼らは、自分たちがしなければならないこと、自分たちが行かなければならない場所を、いま神が祭司に告げているのだと答えた。

横たわったまま身動きしない祭司に、人びとは全員で「オグハオ、オグハオ、オグハオ」と3度声をかけた。すると、祭司は頭を起こしたが、ふたたび横たわった。そのあと、祭司は起きあがり、以前と同じように歌いはじめた。人びとは、「イグハ、イグハ、イグハ」と、祭司に答えた。

次に祭司は、5頭のヘラジカか大きなダマジカを殺すよう人びとに命じ、全員が歌を歌いつづけた。それから祭司は1クデ〔ひじから中指の先までの長さ〕と1アンパンの長さ(これは、実際に私自身で測った長さである)の剣を手にとり、半分、おそらくはもう少し少なく、自分の腹部につきさした。しかし、傷ができているようには見えなかった(そのあいだも、彼はゆっくり歌いつづけていた)。

その後、祭司は剣を火のなかに入れ、熱くなるまで熱すると、シャツの隙間から体にさしこんだ。おそらくそれはへその位置で、剣の先は尻の穴から出ていた。シャツをつきぬけて、剣の先が尻から出ていたのである。私がその上に自分の指を置くと、司祭は剣を抜き、腰をおろした。(略) 私がこれを見たのは、イギリスの暦でキリスト紀元1556年1月5日のことである。

リチャード・ハクルート
『イギリス国民のおもな
航海、旅、交通、発見』
ロンドン (1599 ～ 1600年)
ディディエ・ドゥボールによる
英語からの翻訳

## ピョートル1世とシャーマンたち

ロシア皇帝ピョートル1世は、帝国内のありとあらゆる目新しいもの、とくにシベリアのシャーマンに興味をいだいた。1702年に、彼はシャーマンたちを見るためにモスクワへ来させるよう命じた。

以下は1704年の手紙で、ベレゾヴォ総督に、どんなシャーマンを選ぶべきかを指示している。その数年後、ピョートル1世の驚異の部屋〔めずらしいものを集めた陳列室〕には、シャーマンの儀礼用具がいくつも収められた。

皇帝陛下は、シベリアの都市や属州で、完璧に儀礼を行なうことのできる能力の高いシャーマンを探し、彼らをトボリスクへ送り、トボリスクからわれわれがいるモスクワに、冬の道と夏の道を使ってできるだけ早く送るよう、シベリア総督に命じられた。貴殿は陛下の勅令によって、ベレゾヴォ

管轄区のベロゴリエとサモエード族の住む地方，そしてそれ以外の属州で能力の高いシャーマンを探すことを命じられた。必要とされるシャーマンは，小像を使い，小像に問いかけてあらゆるテーマを検討し，ベロゴリエで行なわれる儀礼中にこれらの小像や青銅の雁に答えを出させ，儀礼中に火のなかに飛びこんだり，それ以外の奇妙なしぐさをするものたちである。彼らを見つけたら，ただちにトボリスクへ送り，皇帝陛下の厚意を彼らに示し，彼らがなにも心配することなく，自分たちが知っていることをすべて語るようにしなければならない。また，これらのシャーマンと共に，彼らの言葉を理解できる通訳も派遣する必要がある。

『シベリアの歴史に関する記録』1
サンクトペテルブルク（1882年）
シャルル・ステパノフによる
ロシア語からの翻訳

## 『シベリアのシャーマン』

ロシアの女帝エカチェリーナ2世は，当時ロシアで台頭していた神秘主義を嘲弄する『シベリアのシャーマン』（1786年）という題名のすばらしい戯曲の著者である。ボビンヌ一家が，シベリアから仏教の影響を受けた「シャーマン」のアンバン＝ライを連れてくる。彼は，ボビンヌ一家の無邪気さにつけこむ。ボビンヌ一家は，儀礼を行なうシャーマンの姿を見にやってきた友人や来客をむかえる。

**ボビンヌ**（言葉を区切りながら，重々しく）——第140階梯アンバン＝ライ，こちらにおりますのは，訪ねてまいりました友人たちです。あなたさまとお近づきになりたいと申しております。

**ライ**（その言葉を聞くと，ものうげに立ちあがり，両腕をあげ，そのあとゆっくり腰までさげる。両手に口づけをすると，ひたいと胸に手を置き，軽くお辞儀をする）

**ボビンヌ**（あいかわらず重々しく，気どった口調で，列席者に向かって）——第140階梯アンバン＝ライが，みなさまにごあいさつなさいました（列席者がシャーマンにお辞儀をする）

**サノフ**——お目にかかるのを，いまかいまかと，お待ちしていました。アンバン＝ライさま。

**シドル・ドロビンヌ**（ゆっくりと，ライに）——われわれは，かねがね……，あなたの知識と……，あなたの……技術について，うかがっていました……。

**ライ**（その言葉を聞くと，部屋の隅に行き，壁に背を向けて，顔を列席者のほうに向ける。そこから動かず，エクスタシー状態のようになっている）

**サノフ**（ボビンヌに）——いったい，どうしたんだ？

**ボビンヌ**（サノフに）——時々，遠慮がちになってしまうのさ。辛抱が肝心だよ。た

まに，奇妙なふるまいをするんでね。

**クロモフ**——よくあることなのか？

**ボビンヌ**——エクスタシー状態になると，自分の外に出てしまうらしい……。この状態が，一番幸せなのさ。それで，できるだけいつも，そうなるようにしているみたいだよ。(略)

**ボビンヌ**（あいかわらず重々しく，言葉をはっきりと区切りながら）——第140階梯アンバン=ライ，みなが，お話したいと申しております。

**ライ**（うっとりした顔で，その場で何度も飛びはねる）

**シドル・ドロビンヌ**（ゆっくりと）——動きはじめた。

**サノフ**——アンバン=ライさま。あなたの賢明なお言葉がお聞きしたいのですが。

**ライ**（その場を動かず，誰かにくすぐられているような身ぶりをしている）

**シドル・ドロビンヌ**——私がやってみよう……，たぶん，うまくいくはずだ。(ゆっくりと，しかし皮肉っぽく)。体をおかきしましょうか？(そういって，木の棒を見せる。ライは，頭を左右に振る)

**クロモフ**（ライに）——壁の前にずっと，いらっしゃるのですか？(といって，自分の時計を見せる)。時間をご覧ください。

**ライ**（中国人形のように，頭を前や横に振る）

**ブラギーヌ**（中身が入った小銭入れを見せながら）——これは，お気に召すでしょうか？

**ライ**（両手をさし出す）

**シドル・ドロビンヌ**——ああ！　ああ！アンバン=ライさま……。あなたは，愚かではないのですね！……

**ライ**（シドル・ドロビンヌに向かって，犬のように吠える）——ワン，ワン，ワン！

**シドル・ドロビンヌ**（ゆっくりと）——すごい，声が聞こえたぞ……。しかし，これは何語なのかな？　犬の吠え声に似ていたが。

**カルプ・ドロビンヌ**——私もやってみよう……。シャーマンさま，われわれとお話しくださるまで，まだだいぶ時間がかかるでしょうか？

**ライ**（カルプ・ドロビンヌに向かって，猫のように鳴く）——ニャー，ニャー，ニャー。

**サノフ**——これは，中国語なのか？……

**シドル・ドロビンヌ**（あいかわらず，ゆっくりと）——中国語は，猫の鳴き声に似ているのか？

**クロモフ**——ライさまは，なにかのふりをしているのだと思うよ。

**ライ**（クロモフに向かって，雄鶏のように鳴く）——コケコッコー，コケコッコー，コケコッコー！

**ブラギーヌ**——われわれをばかにしているような気がしてきたぞ！

**ライ**（ブラギーヌに向かって，雌鶏のように鳴く）——コッコ，コッコ，コッコ！

**ボビンヌ**——第140階梯アンバン=ライ，正気に返ってください！

**ライ**（突然駆けだして，列席者をつきとば

エカチェリーナ2世
「シベリアのシャーマン」
『カリオストロとエカチェリーナ2世,魔術師に対する女帝の風刺』所収
パリ,シャンゼリゼ出版（1947年）

## 恐怖と軽信

ジャン＝バティスト・ド・レセップスは，1787年にカムチャツカで，有名な航海者ラ・ペルーズ伯から，船をおりて陸路でヴェルサイユに戻るよう命じられた。シベリアを横断中，彼はシャーマンの儀礼，とくにヤクート族の儀礼に参加しようとした。彼はシャーマニズムを土地の人びとの「愚かさ」や「恐怖」によって説明しているが，これは『百科全書』の記述に影響を受けたものである。

私は，春がやってきたことを祝う5月の彼らの祭りを目撃できなかったことを，非常に悔んでいる。その祭りのとき，彼らは広々とした平野に集まり，大量のクミス（馬の乳でつくった乳酸菌飲料）を運び，牛肉や馬肉を焼き，満腹になるまで飲み食いし，歌って踊り，最後を魔術でしめくくる。彼らのシャーマンたちが祭りを主催し，その祭りで，常軌を逸した予言を行なうのである。

ここの魔術師たちは，カムチャツカの魔術師たちよりも自由で，より敬われている。神々の代弁者である彼らは，震えながら懇願する愚鈍なヤクート族，とくに金払いのよいヤクート族の仲介をしている。私は，だまされやすい人びとがシャーマンを自分たちの村に連れてくるために，一番立派な馬を贈るのを見た。この詐欺師たちが行なう魔術の儀礼ほど，恐ろしいものはない。私はまだ，いいつたえでしか知らなかったので，それに参加したかった。（略）

うるさい音がする鈴と鉄片がついた衣装を着たこの人物は，さらに恐怖をいだかせるほど激しく太鼓をたたいていた。そのあと，彼は口を開けて気が狂ったように駆けまわり，頭をぶんぶん振っていた。乱れた髪が，顔をおおっていた（ヤクート族はみな短髪なので，髪を伸ばし放題にして，普段は頭のうしろで結んでいるシャーマンを見わけるのは容易である）。長い黒髪の下から，文字どおりのわめき声が聞こえ，そのあと泣き声と大きな笑い声がつづくが，これは普通，啓示がくだされる前ぶれである。

J・B・B・ド・レセップス
『カムチャツカからヴェルサイユへのラ・ペルーズ伯の使者』
バルビゾン，ポール・ディマージュ社（2004年）

## 人類学・民族学博物館の人体模型

ナポレオンによってパリから追放され

たスタール夫人は，1812年にサンクトペテルブルクの人類学・民族学博物館を訪れ，シャーマンの人体模型を見た。

サンクトペテルブルクの博物館にある，カムチャツカの住民たちの見事な模型に，私は心を打たれた。シャーマンと呼ばれるこの地方の祭司たちは，一種の即興演奏家である。彼らは樹皮でできた上着の上に金網のようなものを巻き，そこにたくさんの金属片をぶらさげている。動くたびに，その金属片は非常に大きな音を立てる。シャーマンには，神経性の発作によく似た霊感が訪れる瞬間がある。シャーマンは，その才能よりも魔術によって，人びとに感銘をあたえている。この陰気な地方では，想像力はもっぱら不安によってかきたてられる。大地そのものも，大地が引きおこす激しい恐怖によって，人間を拒絶しているように思われる。

スタール夫人
『亡命の10年』(1821年)

## ロシア人旅行者による，イスラム教徒のシャーマンの最初の記述

19世紀初頭に，ウラル山脈を越えてカザフ族が住むステップを訪れたロシア人のアレクシヤ・レフシンは，イスラム化したシャーマンの様子を非常に早い時期に描写した人物である。短い文章だが，シャーマンの儀礼や儀礼用具に着目した，民族学的な資料とよぶことのできる記録である。

非常におもしろく，同時にきわめて恐ろしいのは，シベリアのシャーマンによく似た，バクシあるいはバクスあるいはバフチたちである。彼らの服は，普通の僧衣のように長いこともあれば，短いこともある。それらはぼろぼろのことも多く，服を見ただけで，悲喜劇的な場面を目撃する人びとの想像力をかきたてる。彼らの占いの方法は，いつも同じというわけではない。私が見る機会のあったバクスは，非常にゆっくりと，目を伏せながら，重々しくテントのなかに入った。彼は，ぼろ着を着ていた。原始的なヴァイオリンの一種であるコブズをもち，じゅうたんの上に座って，演奏し，歌いはじめた。そのあと，そっと体を揺すりはじめ，次に，全身でさまざまな動きをした。やがて，彼の声は少しずつ大きくなり，同時に，身ぶりも激しく，よりひんぱんに，より複雑なものになった。狂ったように，自分をたたき，身をかがめ，横たわり，ぐるぐるまわり，うずくまった。汗が体中から大量に流れていた。口から泡を吹き，ついにはぼろ着の上に倒れこんだ。コブズを放りだすと，その場で飛びはね，転げまわった。それから，頭を振り，鋭い叫び声をあげて，手で合図をしたり，必要としない場合は押し戻したりしながら，精霊たちをよびだしはじめた。ついに彼は力を使いはたし，顔を真っ青にして，目を充血させながら，じゅうたんに身を投げだ

し、ぞっとするような野蛮な叫び声をあげると、口をつぐみ、横たわって、死んだように身動きひとつしなくなった。しばらくすると起きあがり、自分がいまどこにいるかわからないかのように、あたりを見まわした。それから、祈りをとなえ、啓示されたこと、彼がいうには幻覚をもとに、予言をはじめた。

アレクシヤ・レフシン
『キルギス＝カザフの遊牧民と
ステップの描写』
1832年のロシア語のオリジナルを
翻訳したもの
パリ、王立印刷所（1840年）

## 空想的なショー

シベリアの分権化をめざすロシアの活動家、アレクサンドラ・ポタニナと彼女の夫は、北モンゴルとアルタイ共和国を、調査旅行で何度も訪れている。彼らにとってシャーマニズムは、発見し、記録する価値のある豊かな遺産である。以下の文章でポタニナは、1879年に訪れたトゥヴァのシャーマン、ナイディンの儀礼を、感受性豊かに描写している。

環境そのものが、非常に詩的だった。シャーマンのゲルは、高いポプラとカラマツの木が生えている森のなかにあった。ゲルは大きく、かなり豪華に装飾され、清潔に保たれていた。（略）

シャーマンのナイディンは非常に美しい若い女性で、上品な衣装を身につけ、威厳があり、尊大でさえあった。母親も兄も、家族全員が彼女の言葉に従っていた。あらゆる儀礼用具、エエレン、つまりゲルの特別な場所に結ばれたリボンで飾られたひもも、シャーマンの衣装、ブーツ、そのすべてが新しく、粋につくられていたが、アイベックス〔野生のヤギ〕の皮や毛皮が縫いつけられ、伝統的な形は守られていた。しかし、装飾は織物でできていて、ナイディンの洗練された趣味があらわれていた。（略）

エエレンの前には、フェルト製のじゅうたんが敷かれていた。その上に立ち、エエレンに向かい、暖炉を背にして、ナイディンは儀礼をはじめた。つまり、体全体を揺らしながら太鼓をたたきはじめた。彼女は左手で太鼓の内側の柄をもっていた。はじめ、太鼓は2回ずつたたかれた。太鼓はまず、左脚に押しつけられ、そのあと力強い動きで右脚に移動し、たたかれた。足踏みがはじまった。シャーマンの頭はたえまなく揺れ動き、太鼓の音に合わせて、彼女は踊った。それから、体の動きがさまざまに変化しはじめたが、シャーマンの足はほとんど静止しており、上半身だけが、ときに驚くほど速く動いていた。ナイディンの踊りと音楽は、非常にエネルギッシュだった。すらりとした体と、生まれながらの気品をもった彼女の踊りは、決して醜悪な茶番になることがなかった。

1〜2度，ナイディンはその場で熱狂的に旋回しはじめた。衣装についているリボンとヘビの飾りがみな舞いあがり，腰のまわりで回転した。ナイディンは時々踊りを中断して，ポーズをとりながら暖炉のまわりをゆっくりまわった。そして，歌を歌いはじめた。彼女の歌はすばらしく心地がよかった。やわらかい声をしているからである。歌には，たくさんの主題があった。ときに，きわめて哀調を帯びた歌になり，その歌はほとんど涙に変わった。激しい踊りや雷鳴のような音を立てる太鼓からやさしいメロディーに移行することで，歌は非常に強い印象をあたえた。時々，ナイディンは，シューという摩擦音や，スーという口笛のような音に似た，しゃがれ声を発した。あるいは，馬のいななきやカッコウの鳴き声をまねた。人びとの説明によると，それらはナイディンが自分のなかによんだ従順な精霊たちがやってきたことをあらわしたものだという。

アレクサンドラ・V・ポタニナ<br>
『東シベリア，モンゴル，チベット，中国<br>
への調査旅行より』<br>
モスクワ（1895年）<br>
シャルル・ステパノフによる<br>
ロシア語からの翻訳

## 忘れることのできないシャーマンたち

　オーストリアの中国研究家オットー・メンヒェン＝ヘルフェンは，1929年にトゥヴァ（南シベリア）を訪れ，何人ものシャーマンと知りあった。彼はシャーマンの特徴を，17世紀以降にトゥヴァで公的な聖職者として認められているチベット仏教の僧侶であるラマの特徴と比較している。

　私が出会ったラマたちは，記憶のなかからじょじょに薄れている。どのラマもみな似かよっていて，簡単に見わけることができない。彼らはみな，怠惰な寄食者という範疇に，ほとんどおさまってしまう。対照的に，私のなかのシャーマンたちは，彼らを見た日と同じくらい生き生きとしている。私の旅がどうなるかを予言した老人，精霊たちの世界に関する知識の大半を私にあたえてくれたまじめな男性，ホンデルゲイの見習い中の若い女性と鷹揚な女性。彼らはみな，まちがいなくひとかどの人物である。

　どのシャーマンも，同じようにはふるまわない。儀礼の大筋は一緒でも，細部は異なり，それぞれに大きな意味をもたせている場合が多い。衣装の点でも祈りの点でも，シャーマンはラマよりずっと個性的にすることができ，実際にそうである。ラマは，うとうとしながら決まり文句を口先だけでとなえ，儀礼をただ規則どおりにこなすだけで，その内容を理解していない。（略）

　衣装，太鼓，帽子の細部は，重要である。帯状の2枚の布は，ただの装飾ではない。

これは，馬に乗って走っているときに敵をかわすための2匹のヘビである。帽子についたふたつの円盤は，飾りではない。馬に乗っているとき，シャーマンはこれらの円盤を通してものを見る。なぜなら，本当の目は閉じているからである。帽子の羽根は，美しいから選ばれたのではない。それらは，好意的な精霊である鳥の羽根だから選ばれたのである。

オットー・メンヒェン＝ヘルフェン
『トゥヴァへの旅』
ロサンゼルス，民族誌学出版，南カリフォルニア大学（1931年）（1992年）
シャルル・ステパノフによる
英語からの翻訳

## 4 儀礼の様子

シャーマニズムの儀礼は、共同体、あるいは共同体のメンバーの幸福のために、シャーマンが精霊たちと行なう交渉（ときには戦い）を表現したものである。その形式は非常にさまざまだが、多少とも体系化された所作、象徴的な儀礼用具、歌、音楽を駆使する点で共通している。

## チュクチ族のシャーマンの「腹話術」

ワルデマール・ボゴラスは、シベリアのすぐれた人類学者のひとりである。19世紀末、彼はベーリング海峡の近くに住むチュクチ族のところで数年間を過ごし、複数のシャーマンに出会った。

たいていは、〔精霊〕ケレトがシャーマンの肉体に入りこむ。太鼓のたたき方が変わることで、人びとはそれに気づく。より速いテンポで、より荒々しくたたくようになるのである。しかし、もっともはっきりしたしるしは、ケレト固有のものと思われる新しい音が聞こえることである。シャーマンは激しく頭を揺らし、寒さで震えている人が歯をカチカチいわせているような、おかしな音を口から出す。彼はヒステリックな叫び声をあげ、「オ、ト、ト、ト、ト」や「イ、ピ、ピ、ピ、ピ」といった奇妙にのばした声を出すが、これはケレトの声の特徴を示したものと考えられる。また、彼はたびたび自分の補助霊と思われるさまざまな動物や鳥の鳴き声をまねる。(略)

チュクチ族の腹話術は非常に見事で、文明国の同じ分野の達人たちと張りあえるくらい、彼らには才能がある。彼らのよびかけとは「異なる声」が部屋の四方八方から聞こえてきて、声の出所がさまざまに変わるので、見物客に大きな錯覚を起こさせる。いくつかの声は、最初、非常に遠くから発せられているかのように、ほとん

ど聞きとれない。それらの声は、近づくにつれて大きくなり、やがて部屋のなかに入ってきて、部屋を横ぎり、ふたたび部屋から出ると小さくなり、消え入りそうになりながら遠ざかる。

別の声は、上のほうからやってくるように聞こえ、それらは部屋を横ぎり、床下に消えるが、大地の奥底から響いてくるかのようである。また、これらの声と共に、動物や鳥の声、さらには嵐のうなり声まで聞こえることもあり、よりいっそう奇妙な効果を出している。(略)

腹話術は、たいていすぐに騒がしい場面へ移行する。たくさんの「精霊」があらわれ、シャーマンと話をしたり、精霊どうしでけんかをしたり、ののしりあったり、暴露しあったりする。これらの会話と同時に聞こえる別の声を探そうとしても、無駄である。なぜなら、もっとも白熱した会話でさえ、複数の声ではなくひとつの声が連続することで構成されているからである。「精霊」たちの言葉はたいてい、「パピレ、クリ、ムリ」など、ほとんど意味がわからない奇妙な言葉に置きかえられる。それらを理解するため、シャーマンは通訳に助けを求める。以後、通訳はすべての会話に参加し、ほかの「精霊」たちの言葉を見物客にも説明する。このように、シャーマンは「分離した精霊」の言葉は理解できないとみなされている。

ワルデマール・ボゴラス
『チュクチ族』
ライデン（1904〜1910年）
ディディエ・ドゥボールによる英語からの翻訳

## ソ連の民族学者が見たハンティ族のシャーマン

ソ連時代、民族学者ウラジスラフ・クレムジンは、ハンティ族のシャーマン、「治療師」アレクセイ・エフィモヴィチ・クニンのもとを訪れた。

「治療師」A・E・クニンが、治療儀礼の最初の部分を見せてくれた。まずはじめに、彼はフードつきの短い上着を脱ぎ、ひざ丈の白いケープを身につける必要があると説明した。次に彼は両手をあげ、すべての関節を曲げながら広げた。そして、左右に腰を振りながら、「ガー、アー、アー、アー」と抑揚をつけて引きのばした声を出しつつ、円を描くように反時計回りに歩きだした。血走った目が、時々私を見た。その状態が、数分間つづいた。

そのあと、歩くスピードと歌う速度があがった。彼の視線が私にじっと注がれ、瞳孔が開き、目の表情が変わった。私を見つめたまま、彼はシャツを開き、テーブルの上のナイフをとるよう、私にいった。私は、一番安全そうなヤスリを手渡した。彼はそれを手にとって、先端を首の切痕につきさした。そして、ヤスリをかけるような動きをした。ヤスリが体内に入る音が聞こえた。それから、同じような音を立て

ながらヤスリが引きぬかれた。皮膚の上に、赤いしみが見えた。アレクセイ・エフィモヴィチは、傷をつけたように見えるが、実際にはヘビの精霊を自分のなかに入れたのだといった。

「さあ、あなたが病気なら治療できる状態になった。精霊たちが私のなかにやってきたから」

ウラジスラフ・M・クレムジン<br>
『ハンティ族のシャーマン』<br>
エストニア文学博物館<br>
タルトゥ（2004年）<br>
シャルル・ステパノフによる<br>
ロシア語からの翻訳

## 1933年のウイグル族のシャーマン

新疆ウイグル自治区の北西に位置するグルジャ（イリ地方）では、シャーマンはいまだに昔ながらの儀礼を行なっている。以下の文章は1933年にイスラム教徒によって書かれたもので、若い女性の病気を治療する様子がくわしくのべられている。この地方では、シャーマン（バクシ）とは「精霊を動かす」人間のことである。

シャーマンのムサ・バクシは、「精霊を動かす」儀礼を、木曜日、金曜日、土曜日に行なうと決めた。

1日目に彼は頭が黄色い白いヒツジを、2日目に牛を、3日目に馬を祝福し、これら3頭の動物の首に、それぞれ3メートル、合計9メートルの白い木綿の布を結びつけるよう指示した。

1日目、彼は精霊を動かし、ヒツジをいけにえにした。（略）2日目と3日目、彼は精霊を動かしながら、牛と馬の首に結ばれていた布をはずし、それらを保管した。儀礼のためにバルチバイの大きな家の真ん中に柱（トゥグ）が立てられ、野営している老若男女が全員、治療儀礼に参加するよう招かれた。私も、家のなかに入って好きな場所を確保する機会に恵まれた。

柱が立てられた家とは別の家のなかから、耳をつんざくようなギュルサラの叫び声が聞こえてきた。ギュルサラの母とふたりの女性が、泣いているあわれなギュルサラを支えながら、柱が立てられた家に彼女を連れていき、柱につないだ。ムサ・バクシは、太鼓奏者たちに演奏をはじめるよう頼んだ。刀を手にもって、ムサ・バクシは大声でこの儀礼の文章を読んだあと、ギュルサラに柱のまわりをまわらせ、刀でギュルサラをたたき、呪文をとなえ、彼女にとりついていたジン（精霊）を去らせた。

長いあいだ正気を失い、苦痛のために体が衰弱していたギュルサラは、もう一度柱のまわりをまわったが、意識を失ってその場にくずれ落ちた。ムサ・バクシは彼女を支えて生気をとりもどさせると、ほかの人びとに頼んで、彼女にふたたび柱のまわりをまわらせ、自分は呪文をとなえつづけた。（略）

それからムサ・バクシは、次の段階に移った。まわりに座っている参加者たちに、彼は激しい熱意をもって「神に祈り、フム（彼、アッラーに）と叫ぶ」よう頼んだ。大勢の人が、目を伏せて、頭を上下に動かしながら、「フム、フム、フム、アッラー、フム」と叫びはじめた。何人かは、疲れきって横たわり、よだれを垂らしていた。ムサ・バクシは、彼らにいった。

「あの人たちには、能力がある」

ギュルサラは、3日間、つまり木曜日、金曜日、土曜日のあいだ、この儀礼に耐えなければならなかった。この儀礼が成功したため、日曜日、月曜日、火曜日は、野営している人びとのところに招かれ、ムサ・バクシはほかの病人たち、男性たち、女性たち、子どもたちを診察した。彼は人びとを力づけるよう神に祈り、呪文をとなえ、必要な人にはお守りをつくって渡した。彼はお守りをもらった人たちからの贈り物と、ギュルサラのために行なった儀礼の報酬として灰白色の牛と馬を受けとり、野営地で別れのあいさつをした。

ムハンマト・クルバン・エジジャーリ
『新疆歴史資料』35, ウルムチ（1933年）
ティエリー・ザルコンヌによる
ウイグル語からの翻訳

# 1995年のタジク族のシャーマンの儀礼

以下は、ソ連崩壊後の1995年に、ふたりの研究者、パトリック・ガロンヌとティエリー・ザルコンヌが、ウズベキスタンのオアシス、バランド・チャキールで見たシャーマンの儀礼を描写したものである。ナジル・バクシという名前のシャーマンはタジク族で、病人は時々頭痛に悩まされている25歳くらいの青年である。

病人の前の白いテーブルクロスの上に、2枚の丸くて平たいナン（この地方のパン）、いけにえにされた動物の血が入った椀、水が入った茶碗、盛られた粉の上に何本かのろうそくが立てられた皿が並べられていた。（略）

粉を盛った皿の上に置かれたろうそくに、女性たちが火をつけた。さらに、病人の両手にそれぞれ3本ずつ、また頭に3本、ろうそくが置かれた。これらのろうそくは、粉と水でできた生地を丸めたような球に、3本ずつつきさされて、燃えていた。（略）

ろうそくを固定したあと、病人は目隠しをされた。そのとき、病人が、一瞬見えたものの色を告げた。一般的に、それは白か黄色か黒で、関係がある精霊の性質やアイデンティティーを特徴づけている。（略）

この場合、病人はあきらかに精霊が白いとほのめかしていた。なぜなら、彼のそばに白い布切れが置かれていたからである。バクシを補佐する女性たちが、火のついたろうそくを病人の頭と手からはずして、火を消した。（略）

全員があぐらをかき、バクシもあぐらを

かいて，ドジュラ（太鼓）を親指で目の高さの位置にもった。太鼓は，このために準備されていた10センチメートルくらいの細いひもで，つりさげられていた。バクシはほんの数秒，そのひもを軸にして太鼓を回転させたあと，両手で太鼓をつかみ，太鼓の木の部分にはめ込まれた鉄の輪を軽く鳴らした。

彼は目を細め，極度に集中して瞑想しながら，単調でゆるやかな歌を歌いだした。リズムは，2拍子である。時々，最初の1拍で3回，太鼓をたたく。いまのところ，女性たちは参加していなかった。数分後，テンポが速くなった。すると，女性たちが参加し，バクシの歌に合わせて，ゆっくりと甘美な嘆きの声をくりかえし発しはじめた。バクシは目を閉じ，くちびるをぎゅっと結んでいたが，そこにはあきらかに苦心の跡が見られた。

時々，彼はかなりの苦痛さえ感じているようだった。病人は，特殊な状態ではないようだった。彼はハエが自分に止まりそうになったとき，手を動かしていた。しばらくすると，彼は2～3回あくびをした。それは，精霊たちがやってきたしるしだった。（略）

リズムはさらに強くなった。参加者たちが，手をたたきはじめた。大勢の人が，非常に興奮していた。（略）この感情の絶頂期が過ぎると，最初のハルカ（輪）が終わった。バクシは身をかがめ，病人のまわりで太鼓を鳴らしはじめた。それから彼は肩の上で太鼓をたたき，次に，もう少し前方の胸のあたりや，後方の背中のあたりで，交互にたたいた。彼は背骨に沿って，すばやく何度か手を触れた。

最初のハルカと同じように，2回目のハルカがはじまった。病人と参加者は，同じ位置についた。（略）

突然，彼の左に座っていた女性が早口で彼に話しかけ，彼を揺すり，ののしり声をあげながら，彼の背中を強くたたいた。あきらかに，彼女は病人の反応を引きおこそうとしていた。というより，もっと正確には，病人にとりついている悪霊の反応を引きおこそうとしていたのである。（略）

バクシとすべての参加者は立ちあがった。隣の女性にたたかれた病人は，目隠しをしたまま，同じように立ちあがった。ナジル・バクシは立ったまま，ずっと彼のうしろにいた。バクシは歌い，太鼓をたたきつづけていた。病人が，視界をさえぎられたまま，数歩前に出た。

一瞬私は，彼が失神してひっくり返るのではないかと思ったが，結局そうはならなかった。先ほど病人をたたいた女性も立っていて，病人の左側にいた。彼女は病人の腕と腰をしっかりつかみ，別の4人の参加者が彼の右側に陣取っていた。左側の女性は，体を横に揺すりながら，「アッラー，フー！　アッラー，フー！」と，たえまなくとなえていた。病人の右側にいたほかの女性たちは，縦1列に並び，はっきりした口調で「ヘ！　ヘ！」といっていた。列の一

番前の女性は,前後に体を揺すっていた。

われわれは,イスラム教の影響のもとでシャーマニズムに同化した本物のジクル(スーフィズムの神の名をくりかえしとなえる祈り)を目撃していた。病人は,目隠しをしたまま歩きつづけていた。積極的に儀礼にかかわっていたすべての人,つまり,バクシ,参加者たち,そして当然のことながら病人が,外に出た。

パトリック・ガロンヌ
『中央アジアのシャーマニズムとイスラム教』
パリ,ジャン・メゾヌーヴ・アメリカ・オリエント出版(2000年)

## 5 抑圧の時代

何世紀ものあいだ、シャーマニズムはさまざまな理由で迫害されてきた。キリスト教徒やイスラム教徒からは「不信心」で「悪魔的」だという理由で、ロシアのマルクス主義者からは「反革命的」だという理由で、中国の毛沢東主義者からは迷信だという理由で、シャーマニズムは迫害されたのである。

### シャーマニズムに対する公然の戦い

1930年代初頭にロシアの民族学者たちは、シベリアのシャーマンを空想的に理想化することを禁じられ、シャーマンが反革命的な存在であることを告発するよう命じられた。以後、彼らはソ連当局の抑圧政策を学問的に正当化しなければならなくなった。

民族学者スースロフは、以前はシャーマンを擁護していたが、それはまちがいであったことを認め、以下の文章であらためてシャーマニズムをマルクス主義の観点から論じている。彼のような道を選ばなかった大勢の民族学者は、のちに処刑されている。

過去の遺物となった封建的な家父長制、衰退しつつある氏族制度、土着民のきわめて劣った文化レベルが、ソ連当局の政策に対してあらゆる抵抗を行なう土壌を形成している。この抵抗は、土着のクラーク（富農）や古くからの氏族の名士によって行なわれ、彼らは勤労大衆に自分たちの政治観を押しつけ、そのために宗教を広く利用している。彼らの利益を守るシャーマンは、彼らの忠実な味方である。

北部におけるソ連当局のあらゆる計画において、社会主義を実現させるための戦いのすべての段階において、われわれはシャーマニズムと対決する。

そのため、シャーマニズムとの戦いは、

北部における階級闘争の一分野となる。

シャーマニズムとの戦いを進めるにあたって、この社会悪がどの階級に属するかを、残念ながらいままでそうだったようにその活動や宗教儀礼を検討するだけにとどまらず、明確にする必要がある。

われわれはシャーマニズムを、以下の事項を含む宗教として定義する。

1. 北部に住む土着の部族の現在の生産との関連で、彼らの経済発展のレベルに応じて修正された、古くからのアニミズムの表現体系のひとつ。
2. 社会感覚を鈍らせ、衰えさせる、より複雑なアニミズム思想（神、精霊、魂）につながる宗教規定のひとつ。
3. 超自然的な存在だけでなく、生きている人間に対しても行なわれる魔術行為。（略）

シャーマニズムは不平等と搾取の関係を支えて強化し、宗教的イデオロギー全体の権威によって、その関係を神聖化する。

この宗教としてのシャーマニズムの定義をもとに、われわれは男性あるいは女性のシャーマンを、魔術、「妖術」を用いて、超自然的な存在との結びつきを独占した宗教の下僕と定義する。

I・M・スースロフ
「シャーマニズムと、シャーマニズムとの戦い」
『サヴィェーツキイ・セーヴェルニィ』
No.3-4 (1931年)
シャルル・ステパノフによる
ロシア語からの翻訳

## シャーマンの木の処刑

ガルサン・チナグは、1950年代にあるトゥヴァの子どもが経験した激動について語っている。シャーマンの資質があると感じていたこの子どもは、共産主義化したモンゴルの学校に入れられた。地方支部の共産党員アルガナクは、「自然の恵みを黙って待っていてはならない。奪いとりに行け！」という言葉を小学生たちに実感させるため、彼らを聖なる島に連れて行き、木を切らせることにした。

子どもたちは、おびえていた。トゥヴァの人びとは普通、地面に生えている木を切ることがなく、ましてやこの島の木を切ることなどないからである。アルガナクは、最初に切り倒す木を探しはじめた。

出発してから長い時間がたち、あとをついて歩くわれわれの間隔は広がっていた。そのとき、彼が立ちどまった。

しかし、ここはどこなのか？　たくさんの吹流しや房飾りのついた、大きなカラマツの木の前だった。われわれも立ちどまった。一瞬、心臓が止まった。これは、シャーマンにとっての聖なる木だ！

（略）

「さあ、年のせいでおかしくなったこの老木に、最後の供物を捧げるんだ！　むき出しの冷たい鉄の刃を、くるぶしにぶちこん

でやれ！　さあ！（略）革命は，反革命的なすべての行為に報復でき，そうしなければならないことを思い知らせる必要があるやつばかりだ！　木，岩，泉にも反革命的な行為があるのは，この例であきらかだ。人民と革命の名において，この木は当然，処刑されるべきである！」（略）

　まず，きしむ音が聞こえた。この老木から音が聞こえることは，ありえない。もしかしたら，これは死にかけている肉体から離れつつある老木の魂の声なのか？　そうならば，魂が肉体から離れることは，どんなにか苦しいだろう。

　次に，私は大きな玉が大きな硬い骨にぶつかって，バリバリと骨が砕けるような音を聞いた。最後に，複数の嘆きの声が聞こえ，それらは長くつづいたあと，ため息に変わった。のこぎりの刃が厚い樹皮に触れたときから，殺される前のヤク〔ウシ科の動物〕の首にナイフの先がかすめたときのように，カラマツは身震いしていた。あらゆるものが増大するように，一撃がけがとなり，炎が火となるように，身震いは大きくなり，抵抗になった。カラマツはよろめき，弱りはじめ，枝の先端が突然無数の爪と化し，その爪が空中を引っかいた。それから，カラマツは倒れ，ふたたび起きあがることはなかった。

　私が感じることと意識することは，一致しない。なぜなら，知覚と意識は別物だからである。

　耳や目は，思考と分離していないだろうか？　たとえば，出来事と同時にではなく，いろいろな考えが頭をよぎることがある。彼らはこの木を殺した。木を殺す人間，兄弟を殺す人間は，父や母を殺すこともできるのではないか！　そのような考えが，しつこくつきまとった。

ガルサン・チナグ<br>
『灰色の世界』<br>
ドミニク・プティによる<br>
ロシア語からの翻訳<br>
パリ，アンヌ＝マリ・メタイイエ社<br>
（2001年）

# 6 人類学者たちの見方

シャーマニズムに関して,これまでにさまざまな解釈が行なわれてきた。たとえば宗教学者ミルチア・エリアーデは,シャーマニズムを魂が肉体から離れる神秘主義のひとつの形として,欧米に広く普及させた。

一方,人類学者ロベルト・アマヨンは著書『魂を狩る』のなかで,シベリアの民族の狩猟・牧畜生活とシャーマニズムの関連性を指摘している。

## ミルチア・エリアーデによるシャーマニズム

エリアーデは,「神秘主義の歴史には切れ目がなく」,シャーマンの儀礼は「キリスト教神秘主義」と「インドの形而上学」に類似した起源をもっていると主張している。シャーマニズムにおいて,エクスタシー状態による「旅(トリップ)」は,古代文化のさまざまな神秘主義的技法に近いことから,根本的で「古代的」なものだとエリアーデは考えた。

中央アジアと北アジアにおけるシャーマニズムの複合体の形成を説明するために,この問題のふたつの重要な要素を見失ってはならない。そのひとつは,本来の現象としてのエクスタシー体験で,もうひとつは,このエクスタシー体験がそのなかに統合される必要があった歴史的・宗教的環境と,結局はその体験の妥当性を認めなければならなかったイデオロギーである。

ここでエクスタシー体験を「本来の現象」とよんだのは,特定の歴史的時期の産物,つまり,特定の形の文明によって生みだされたものとみなす理由がまったく見いだせないからである。むしろ,これは人間の状態として根本的なものとみなすことができ,そのため,古代の人間すべてに知られていたものと考えられる。文化と宗教をさまざまな形に変え,修飾したのは,このエクスタシー体験の解釈と評価なのである。

ではのちにシャーマニズムが自律的で

⇧モンゴルのシャーマン (1931年)

特殊な複合体となった中央アジアと北アジアの歴史的・宗教的状況は、どのようなものだったのか。これらの地域のいたるところで、非常に古い時代から、天界の組織における神の存在に関する記録があり、その上この神は形態学的に、古代のさまざまな宗教のあらゆる神と一致する。すべての儀礼と神話に登場する上昇の象徴的意味は、天界の神と結びつけられなければならない。

われわれは、「高いところ」は神聖なもので、古代民族の神の多くが「高い所にいる存在」「天空の存在」、あるいはただたんに「天空」と呼ばれていたことを知っている。シャーマン（あるいは呪術医や魔術師など）の天界への上昇は、非常に変更が加えられ、ときとして不完全なものになっているが、天界の神への信仰と天地のあいだの具体的な交流を信じることを中心とした、この古代の宗教イデオロギーの遺物であることに、疑問の余地はない。

ミルチア・エリアーデ
『シャーマニズム——
エクスタシーの古代技術』
パリ、パイヨ社（1968年）

## トランスを終わらせるために

フランスの人類学者ロベルト・アマヨンは、「トランス」と「エクスタシー」の概念を使ってシャーマニズムを説明することを批判した。これらの言葉はシャーマンの心理状態を示しているように思われるが、実際には、シャーマンの儀礼では、「トランス」にも「エクスタシー」にも相当する現象は見られない。

シャーマンが人びとから求められる儀礼を行なうとき、儀礼の参加者たちはシャーマンがエクスタシー状態になっている姿を見ているのではなく、精霊と交流している姿を見ているのである。

このような個人の状態は、それ自体としては関連がない。関連があるのは、「イメージとしての個人の状態」であり、「実際

の精神状態がそのイメージと一致しているかいないかはどうでもよい」。

その上、そもそも個人の状態は、精霊たちと接触することができるかどうかを、職務につく前に見きわめるためのしるしでしかない。さらに、個人の状態は儀礼の中心部分を構成していない。また、それはシャーマニズムの儀礼を行なう人間に特有のものであって、シャーマンを自称する人間に特有のものではない。

シベリアでは儀礼をはじめる前に陶然となっている場合、ペルーのヤグア族では経験を積んだものが儀礼を行なうために相変わらず幻覚剤を摂取している場合、そのシャーマンは凡庸とみなされる。(略)

儀礼を行なう前には、多くの場合断食と呼ばれる行為がなされるが、これはシャーマンに禁じられた特定の種類の食べ物を断っているというほうが、より実情に近い。儀礼のとき、シャーマンは夢のなかではなく占いによって、不幸のもとになっている精霊をさし示し、不幸が来る時期を予言する。シャーマンの儀礼の中核をなすのは「歌」や「踊り」で、儀礼に期待される効果はこの「歌」や「踊り」をよりどころとしている。しかし、だからといって、シャーマンが精霊の夢を見たり、そのことでシャーマンの資質が高まることを否定するわけではない。

つまり、職務への準備を整える「私的」で「非公式」な場面では「状態」や「ふるまい」が、「公的」な「儀礼」の枠組みのなかでは「行為」が問われるのである。

ロベルト・アマヨン
「シャーマニズム研究で『トランス』と『エクスタシー』を終わらせるために」
『モンゴル・シベリア研究』26（1995年）

## ■ シャーマンと長老たち

モンゴルの学者ウルグンゲ・オノンとイギリスの人類学者キャロライン・ハンフリーの回想と分析によると、辛亥革命以前の中国のダウール族では、シャーマン（ヤドガン）の儀礼はたえず動き続ける「見えないリアリティ」を喚起するが、人々の敬意を集める長老たち（バグチ）によって行なわれる集団儀礼ではそのような運動は見られない。

このようにシャーマニズムは、実感的にとらえられる世界に根ざす知覚や実践に対立する儀礼の一形態としてあらわれている。つまりシャーマニズムは、シャーマンがいる社会でも唯一絶対のイデオロギーではないのである。

信仰と実践の集合体としての「シャーマニズム」は、われわれの知識だけではなく、われわれ平凡な人間がまったくもっていないさまざまなタイプの知識を含んでいた。しかし、だからといって、この知識が超自然的なものとみなされていたわけではない。これは必要な知識だったが、それを得たり発見できたのは限られた数の人間

だけで、その方法もさまざまだった。そのため、「シャーマニズム」は自然に関する一般的な知識（人間性もそのなかに入る）も含み、それらの知識を深め、日常生活における驚異をあきらかにすることができた。

ところで、トランス状態にあるシャーマンとほかの施術者たちの知識には、伝統的に大きな違いがあった。これは、その知識が形成され、維持されている方法が異なるからで、その方法は、長い人生経験だったり（長老の場合）、肉体的接触（接骨師の場合）だったりする。シャーマン（ヤドガン）の変質した精神状態は、また別の認識方法だった。詩情に満ちたシャーマンの歌からは、率直な感情が読みとれるが、その感情はあきらかに、長老たちが定義する個人に属するものではなく、考えられるかぎりすべての種類の「私」に属していた。この「私」は単独者という概念を形成しているのではなく、シャーマンの儀礼はまさしく、共有された社会性を再現し、患者にとって有効なものとする目的をもっていた。シャーマンがいう共有された社会性の概念とは、以前の患者たちがいる死の世界のさらに向こう側、人類の世界を超えて、動物や鳥などほかの生物の意識の世界にまでおよんでいた。

長老たちのイデオロギーで見られる同じことの再現は、異なる存在、独自の存在、例外的な存在（さまざまな「精霊たち」）の集積と対照的だった。この集積は内部がいろいろと入れかわり、この上なく普遍的な発想と結びついた、自然発生的な創造性という独特な意味をもっていた。

キャロライン・ハンフリー<br>
&ウルグンゲ・オノン<br>
『シャーマンと長老たち、ダウール・モンゴル族の経験、知識、力』(2003年)<br>
オックスフォード大学出版局 (2003年)<br>
シャルル・ステパノフによる<br>
英語からの翻訳

## 「たったひとりの役者が演じる芝居」

さまざまな面から、シャーマニズムの儀礼は即興劇のように見える。しかし、ロシアの人類学者ウラジーミル・バシロフは、シャーマニズムの儀礼の根幹は、欧米の演劇とはあきらかに違うといっている。1984年の以下の文章で、彼は自分の求めに応じてシャーマンが行なった儀礼を過去形で記しているが、それは、当時それらの儀礼がすでに消滅したものだと、彼が考えていたからである。

シャーマンを役者にたとえるにあたって強調しなければならないことは、見物客との緊密な関係である。見物客はシャーマンを見るだけでなく、文字どおり儀礼に参加した。まず最初に、大勢の客が儀礼の準備に駆りだされることもあった。（略）

これから彼らが強い感情を覚え、儀礼がはじまる前には「なにか特別なこと、す

さまじいこと，奇跡的なこと」を期待していると，人びとは知っていた。儀礼がはじまると，参加者たちはシャーマンと一緒に歌を歌い，叫び声や歓声をあげて（ネネツ族やヌガナサン族の場合），シャーマンの手助けをした。ナナイ族は，儀礼の途中で，全員が順番に垂れ飾りと輪のついたシャーマンの革の帯を身につけ，太鼓をもって，踊ることがあった。

「踊り手はさまざまなステップを踏みはじめ，信じられないくらい尻を揺すり，規則正しく太鼓をたたいていた。金属製のラッパがぶつかりあい，太鼓の音と混ざって，すさまじい音を立てていた。へとへとになるまで踊ったあと，踊り手は太鼓を次の人に手渡した。その人物は，3人目の人に太鼓を手渡した」

儀礼の参加者たちは，どんなときでも，とくにシャーマンが突然気を失って太鼓を落としてしまったときに，シャーマンを助ける心構えができていた。（略）

儀礼がたんなる見世物ではないように，シャーマンも役者と同じとみなすことはできない。たしかに，すぐれたシャーマンは役者の資質をすべて，とくに先進的な芸術感覚を備えている。

しかし，シャーマンは役者以上の存在である。儀礼のあいだにさまざまな人物を演じるが，彼が演じているのは，結局のところ自分自身なのである。突然クマやアビになっても，それは相変わらず彼自身，補助霊と完全にひとつになった彼自身なのである。

芝居では，役者と登場人物は異なる存在である。役者が衣装を脱ぎ，化粧を落とすと，ハムレットやオセロではなくなる。しかし，シャーマンは衣装を脱いで太鼓を置いても，シャーマンのままである。儀礼のあいだに立てた手柄も，彼自身のものである。

地下の世界の危険な道を歩いたり，天界の神々の前で控えめに頭をさげたのは，彼自身であって，別の人間ではない。巧みに敵の陰謀を逃れ，有害な精霊を打ち負かしたのは，まちがいなく彼である。シャーマンが演じた役割は，彼自身から切りはなすことができない。それはすべて，彼の人生なのである。

役者の才能は，シャーマンに備わっているとされる資質のひとつでしかない。（略）シャーマンの行為は，鋭い観察力，深い知性，すぐれた記憶力，豊かな実体験を必要とする。

ウラジーミル・バシロフ
『精霊たちに選ばれて』(1984年)
モスクワ，ポリティズダート社 (1984年)
シャルル・ステパノフによる
ロシア語からの翻訳

# シャーマニズムに関する簡易年表（本書の記載をもとに作成）

| 年 | おもな出来事 |
| --- | --- |
| 568年 | ビザンティン帝国の歴史家メナンドロスが、魔術師たちがいるとする記述を残しているが、この記述は近代のアルタイ山脈やサヤン山脈のシャーマンたちが行なっていた儀礼とよく似ている。 |
| 6世紀頃 | カザフスタンやエニセイ川上流域で、シャーマンを思わせる太鼓を持った人物像が岩面彫刻に姿を現す。 |
| 8世紀以降 | 中央アジアにイスラム教が伝播する。 |
| 9～11世紀 | トルクメニスタンとカザフスタンのステップにおける最初のシャーマンとされるコルクト・アタを中心とする神話物語の『デデ・コルクトの書』がまとめられる。 |
| 10世紀以前 | 中国のある年代記では、キルギス族の魔術師を「カム」と呼んでいた。 |
| 10世紀まで | チュルク系民族が住むアルタイ山脈でシャーマニズムが出現（儀礼を行なう専門家を中心とした制度と定義した場合）。 |
| 13世紀 | モンゴルのテムジンが、大シャーマンのココチュからチンギス・カンの称号を授かる。 |
| 16世紀末 | 中央アジア全域で有名になったシャーマンのキョロール（架空の人物とされる）が登場する。 |
| 1699年 | 「シャーマン」という言葉がフランス語に導入される。 |
| 17世紀以降 | 確実にシャーマンといえる絵が描かれるようになる。 |
| 17世紀以降 | モンゴルと南シベリアで、改宗活動によって仏教が民衆の間に定着する。 |
| 1776年 | ヨハン・ゴットリープ・ゲオルギ著『ロシア帝国のあらゆる民族の描写』の中にシャーマニズムの概念が登場する。 |
| 1778年 | 乾隆帝が満州族のシャーマンなどの遺産を守るため、口伝を典礼としてまとめさせる。 |
| 1786年 | ロシアの女帝エカチェリーナ2世が、神秘主義を嘲笑する『シベリアのシャーマン』という戯曲を著す。 |
| 18世紀 | ディドロとダランベールが編集した『百科全書』の「シャーマン」の |

| | |
|---|---|
| | 項目で、「無知で迷信深い民衆」をだます貪欲な「詐欺師」と書かれる。 |
| 1822年 | ロシアのスペランスキー法典の公布により、シベリア住民に宗教の自由が認められ、シャーマンの迫害が禁止される。 |
| 1832年 | アレクシス・ド・レヴチンの『キルギス＝カザフの遊牧民とステップの描写』で、カザフ族のバクシが行なっていた複雑な儀礼を詳細に記している。 |
| 1920年代 | ソ連政府がシベリアのシャーマンの迫害を開始する。 |
| 1920年代 | アルタイ山脈の森で、コル族のシャーマンであるアレクセイが活躍する。 |
| 1943年 | ウズベキスタンの精神指導局が、シャーマニズムを「迷信的な慣行にすぎない」と断じる。 |
| 1949年以降 | 中国新疆ウイグル自治区で、毛沢東主義によるシャーマニズム迫害政策がとられる。 |
| 1950年 | ミルチア・エリアーデ著『シャーマニズム―エクスタシーの古代技術』が刊行される（英語版は1964年）。 |
| 1970年代以降 | エリアーデの著書から影響を受けたシャーマニズムの神秘的解釈が、ニューエイジで広まっていく。 |
| 1991年以降 | シャーマニズムがある程度黙認されているウズベキスタンだが、公式には根絶運動が続いている。 |
| 20世紀 | 共産主義による抑圧が終焉し、シベリアや中央アジア全域でシャーマニズムが復活する。 |
| 2008年 | タジキスタンでシャーマニズムが禁止される。 |

# INDEX

## あ

アカ・マナフ　65
アシク・アッディーン　53
アニミズム　28・39・68・127
アパク・ホジャ　52
アマヨン, ロベルト　129〜131
アヤフアスカ儀式　16
アルタイ族　37・42・46
アレクセイ　63
イスブランド・イデス　22・23
イスラム教　15・22・28〜32・35・39〜41・45・46・52・61・62・65・66・68・69・81・83・85・90・92・94・95・109・116・122・125・126
イスラム神秘主義→スーフィー（スーフィズム）を見よ
ウイグル（族）　35・40・41・52・53・61・83・90・122・123
ウズベク族　84・90〜92・109
ウダガン　23
ウデヘ族　96
ウリャンカイ族　109
ウルゲン　57
エヴェンキ族　15・22・23・26・42・46・47・56・59・60・63・78・80・88・90・107・108
エカチェリーナ2世　113・115
エクスタシー　16・21・84・113・114・129〜131
エネニリン　23
エリアーデ, ミルチア　16・97・129・130
エルマーク　21・22
オジュン　23

## か

カサ　80
カザフスタン（カザフ族）　15・19・29・33・35・39・44・47・53・61・69・80〜85・90・92〜95・99・116・117
カム　20・23
カラカオグラン　93
カランダル　32・33・40・41・109
カルピニ, ヨハンネス・デ・プラノ　21
カンバル・アタ　92
共産主義　17
キョロール　39〜41
『キョロール叙事詩』　40・41・109
ギリシア正教　27
キリスト教　15・26・28・65・68・98・126・129
キルギス（族）　20・29・53・61・62・68・69・83〜85・90・92・94・99
『キルギス＝カザフの遊牧民とステップの描写』　33
クチュム　22
グメリン　23・26
ゲオルギ, ヨハン・ゴットリープ　23・25・26
ケット族　56・78・101
ゲラシモフ, スピリドン　102
ゲル（移動式住居）　61・62・78・83・102・117
コーラン　41・61・66・85・94
ココチュ　20
コリャーク族　57・77
コル族　63
コルクト・アタ　39・93

## さ

サマン　23
ザマンベク　84・93
サモエード族　64・71・96・97・111・113
シーフ・ミア　51
シピボ族　16
シベリア　15〜20・22・23・26・27・34・38・39・42〜45・47・51・55〜57・60〜63・68・71・72・78・87〜90・94・96・98・103〜105・107・108・111〜113・116・117・120・126・131
『シベリアのシャーマン』　113・115
『シャー・ナーメ（王書）』　66
『シャーマニズム―エクスタシーの古代技術』　16・130
シャーマンの木　50・51・127
ジラーニ, アブド・アル・カーディル　66
ジン　40・67・122
スィヤフ・カラム　44
スースロフ　126・127
スーフィー（スーフィズム）〔イスラム神秘主義（者）〕　18・28・31・32・39〜41・52・53・62・66・68・84・109・125
スペランスキー法典　27
聖人崇拝　68
セルクプ族　59・63・79・90・95・105・106
ゾロアスター教　28・30・55・66・68

136

# INDEX

## た▼

ダウール族　131
タジク族　84・85・90・91・123
タタール族　20
『魂を狩る』　129
ダライ・ラマ　106
ダルジューシュ　31・40・41・44
チャンシラン　106・107
チュクチ族　23・45・57・72・78・80・120・121
チュルク（系民族）　18・19・28・29・32・42・45・50・62・80・89
チンギス・カン　20・35・106
ツァハ　27
ツピアク・コステルキン　27・97
ツングース（族）　16・18・19・47・79・108
ディヴァナ　28・39
『デデ・コルクトの書』　39
テムジン→チンギス・カンを見よ
テレウト族　22・47・59・64・78・79・88・89
トゥヴァ（族）　34・35・37・38・51・56・58・59・63・71・73・75・78・81・88・89・95・99・104・108・117～119・127
トランス　130～132
ドルガン族　79
トルクメン族　30・39・83・90・92・99

## な▼

ナクシュバンド，バハー・アッディーン　66
ナナイ族　55・64・80・133
ナジル・バクシ　85・123
ニヴフ族　47
ニューエイジ　98
ヌガナサン族　27・42・49・58・59・76・77・97・103・104・133
ネオ・シャーマニズム　97・98
ネネツ族　45・50～52・76・133

## は▼

ハーナー，マイケル　98
ハカス族　18・43・59・73・77・78
バクシ　32・33・116・122～124
バシロフ，ウラジーミル　41・92・132・133
パラス　23
ハンティ族　121・122
ヒバロ族　98
『百科全書』　26・115
ピョートル1世　26・112
ヒンドゥー教　65
仏教　15・20・28・29・106・113
フランシスコ会　21
ブランド，アダム　22・23
ブリヤート族　38・96
ボー　23
ボゴラス，ワルデマール　57・120・121
補助霊　55・62～64・66・68・76・82・85・90・106～108・120・133

## ま▼

マガル族　58・87
マグヌス，オラウス　21
マナス　53
マニ教　20・28
マルクス主義　126
満州族　19・45
メッサーシュミット　23
メナンドロス　19
毛沢東主義　35・126
モンゴル（族）　17～21・23・27・29・32・33・35・50・88・106・107・117・118・127・130～132

モンゴルの平和　44

## や▼

ヤグア族　131
ヤクート族　23・26・43・46・47・49・50・64・102・115
ヤサヴィー，アフマド　53・66
ユカギール族　88
ユダヤ教　25・65・68

## ら▼

リュブリュキ，ギヨーム・ド　21
レヴァン，アレクシス・ド　33
レセップス，ジャン＝バティスト・ド　115
『ロシア帝国のあらゆる民族の描写』　25

## ん▼

ンゴオ　58

## 出典（図版）

### 【表紙】

表紙●カラマツを神聖化するシャーマン　ス卜=ホリ（ロシア，トゥヴァ共和国）　シャルル・ステパノフ撮影の写真
背表紙●オンゴン　人形　木とトナカイの毛皮　ヤクート族　シベリア　ケ・ブランリー美術館　パリ
裏表紙●シャーマン　ウラジーミル・バシロフ編『ユーラシアの遊牧民』所収の写真　1989年

### 【口絵】

5●チュオナスアン　オロチョン族の最後のシャーマン　2000年没　ロベール・ノル撮影の写真
6/7●ある一家と家屋の清めの儀礼を行なうシャーマン クズル（ロシア，トゥヴァ共和国）　2005年　スタニスラス・クルバル撮影の写真
8/9●新しいオボーの建設を祝うためにヒツジをいけにえにするシャーマン，ジョンドン　バトシレート（モンゴル）2009年　ソフィー・ゼノン撮影の写真
10/11●聖地を装飾する村人たち　ボラ=ホリ（ロシア，トゥヴァ共和国）2003年　スタニスラス・クルバル撮影の写真
13●アルタイ山脈のシャーマンの太鼓　ミヌシンスク博物館（ロシア）　シャルル・ステパノフ撮影の写真

### 【第1章】

14●エヴェンキ族のシャーマンと彼の補助霊　エニセイ地方（ロシア）　20世紀初頭　サンクトペテルブルク　ロシア民族学博物館
15●『バクシ』ウラジーミル・バシロフ編『ユーラシアの遊牧民』所収　ロサンゼルス　ロサンゼルス郡立自然史博物館　1989年
16●アヤフアスカ儀式を行なうシピボ族のシャーマン　ペルー　ロレト州　2003年
17●シャーマン，ゾリグバートルとその妻　ウランバートル（モンゴル）　ブルーノ・モランディ撮影の写真
18●オグラハティの岩面彫刻　エニセイ川上流域　17～19世紀　L・R・キズラソフ&N・V・レオンチェフ　1980年　モスクワ
19●北アジアと中央アジアの地図　エディグラフィ社　ルーアン
20/21●ヴァシーリー・イヴァノヴィチ・スリコフ『1582年のエルマークのシベリア征服』　カンバスに油彩　1895年　サンクトペテルブルク　ロシア美術館
20下●「カルネーミオの魔術師」　オラウス・マグヌス『北方民族文化誌』所収　パリ　マルタン・ル・ジュヌ　1561年　パリ　フランス国立図書館
22●『テレウト族のシャーマン』カルネーエフの原画にもとづくピエール・シャルル・コクレの版画　シャルル・ド・ルシュベール『ロシアの人びと，あるいはロシア帝国のさまざまな民族の風習，しきたり，習慣の描写』所収　パリ　D・コラ　1812～13年
23●ニコラス・ウィッツェ『タタールの北部と東部』所収の版画　アムステルダム　M・シャーレカンプ　1705年　パリ　フランス国立図書館
24●『うしろから見たブラーツクのシャーマン』「開かれたロシア」所収の版画　1774年　パリ　フランス国立図書館
25●『カムチャツカの占い師』版画　同書
26上●『百科全書，あるいは科学・芸術・技術の理論的辞典』の項目　1751～1772年
26下●キリストが描かれたお守り　20世紀　サンクトペテルブルク　ロシア民族学博物館
27●ツァム踊り　モンゴル　2003年
28上●中央アジアのディヴァナ　P・コシャロフの絵画にもとづく　P・P・セミョーノフ=チャン=シャンスキイ「1856年から57年の天山山脈への旅」所収　モスクワ　1946年
28下●『キルギスタンの裕福な一家』　フェルディナンドゥスの原画にもとづく版画　マリ・ド・ウィファルヴィ=ブルドン「パリからサマルカンド，フェルガナ，クルジャ，西シベリアまで」所収　パリ　アシェット　1880年
29●カラクル湖とムスターグ・アタ峰　新疆ウイグル自治区　中国
30●踊るシャーマンたち　ムハンマド・スィヤフ・カラムのものとされるデッサン　『ハジーン』写本No.2153　14～15世紀　イスタンブール　トプカプ宮殿図書館
31●『世界を旅する一種のダルヴィーシュ』　ポール・リコー『現在のオスマン帝国の歴史』所収の版画　ロンドン　1686年　イスタン

## 出典（図版）

ブール フランス・アナトリア研究所

32●ヴァシーリー・ヴァシーリエヴィチ・ヴェレシチャーギン（1842〜1904年）『トルキスタンにて』カンバスに油彩 個人蔵

33●タシケント（ウズベキスタン）の伝統的な家屋の中庭でポーズをとるカランダルのグループ ロシア（中央アジア）の絵葉書 20世紀初頭 タシケント 個人蔵

34上●クラークとシャーマンに反対するポスター 1931年 個人蔵

34左下/右下●トゥヴァの儀礼 クズル（ロシア、トゥヴァ共和国）2003年と2006年 シャルル・ステパノフ撮影の写真

35●ウランバートル（モンゴル）のゲルの前に立つシャーマン，ゾリグバータル 2009年 ソフィー・ゼノン撮影の写真

### 【第2章】

36●樹木を神聖化するトゥヴァのシャーマン スト＝ホリ（ロシア，トゥヴァ共和国）2006年 シャルル・ステパノフ撮影の写真

37●アルタイ族の太鼓 ポターニンの版画 サンクトペテ

ルブルク 1881年

38●ブリヤート族の聖地，バイカル湖（ロシア・シベリア）のオリホン島 2000年 エリック・パッチェガ撮影の写真

39●ナヒチェヴァン（アゼルバイジャン）に建てられたコルクト・アタの彫像

40●ムハンマドと夫アリーのあいだに立つファーティマ アル＝ビールーニー『古代諸民族年代記』の細密画 写本 1307年 エディンバラ 大学図書館

41●中央アジアのカランダル・ダルヴィーシュ ムラジャ・ドーソン『オスマン帝国概観』の版画にもとづくデッサン パリ 王弟印刷所 1791年 個人蔵

42●アルタイ族の太鼓 M・G・レヴィーン＆L・P・ポタポフ『シベリア歴史・民族学地図』所収 モスクワ＝レニングラード 1961年

43●ティモフェイ・ステパノフ『解体』個人蔵

44●悪魔たち ムハンマド・スィヤフ・カラムのものとされるデッサン『ハジーン』写本No.2153 14〜15世紀 イスタンブール トプカプ宮殿図書館

45●シャーマンの儀礼 満州族の挿絵入り手引書の版

画 1771年 アレッサンドラ・ポッシ『図説，満州族のシャーマン』所収 ヴィースバーデン 1992年

46●ヤクート族の衣装 19世紀末〜20世紀初頭 サンクトペテルブルク ロシア民族学博物館

47●「前から見た，アルグン川のそばに立つツングース族の占い師」『開かれたロシア』所収の版画 1774年 個人蔵

48左●北極地方のヌガナサン族のシャーマンの胸当て 19世紀末〜20世紀初頭 サンクトペテルブルク ロシア民族学博物館

48右上●西シベリアの青銅製の奉納板 A・I・マルチノフ『北アジアの古代美術』所収 アーバナ＆シカゴ 1991年

48右下●歴史時代の岩面彫刻の模写 ウキル バイカル地方 T・M・ミハイロフ『ブリヤート族のシャーマニズム』所収 ノヴォシビルスク 1987年

49左●ヤクート族のシャーマンの胸当て 19世紀末〜20世紀初頭 サンクトペテルブルク ロシア民族学博物館

49右●ヤクート族の胸当てについた金属板の模写 E・K・ペカルスキー＆

V・N・ワシリエフ サンクトペテルブルク 1910年 サンクトペテルブルク ロシア民族学博物館

50●シャーマンとみなされているカラマツ イジ 東トゥヴァ（ロシア）2011年 シャルル・ステパノフ撮影の写真

51●シーフ・ミア（「7つのテント」）の聖地の前に立つエディコ・ンゴカケッタ ヤマル半島北部 西シベリア 1996年 アンドレイ・ゴロヴネフ撮影の写真

52●カシュガル（中国，新疆ウイグル自治区）のアパク・ホジャ廟の墓地 1995年 ジョン・アーノルド撮影の写真

53●アフマド・ヤサヴィー廟 14世紀 テュルキスタン カザフスタン ジョン・アーノルド撮影の写真

### 【第3章】

54●カズウィーニー『驚異の書』の一節を題材とした壁面タイルに描かれた悪魔 イラン 19世紀 パリ ルーヴル美術館

55●ナナイ族のシャーマンの衣装の背の部分 20世紀初頭 サンクトペテルブルク ロシア民族学博物館

56●トゥヴァのシャーマン F・コーン撮影の写真

## 出典（図版）

1903年 サンクトペテルブルク ロシア民族学博物館
56/57●チュクチ族のクジラ祭り セイウチの牙 1950年代 サンクトペテルブルク ロシア民族学博物館
58●マガル族の認定儀礼 ネパール 1982年 アンヌ・ド・サール撮影の写真
59上●シャーマンの木 セルクプ族のデッサン E・D・プロコフィエヴァ「セルクプ族のシャーマンの衣装」『人類学・民族学博物館コレクション』11 1949年
59下●ハカス族の太鼓 サンクトペテルブルク ロシア民族学博物館
60上●エヴェンキ族のシャーマンのテントの見取り図 A・F・アニシモフ モスクワ＝レニングラード1958年
60下●エヴェンキ族のシャーマンのテントの儀礼で使われる、番人の役割をはたすトナカイの像 サンクトペテルブルク ロシア民族学博物館
61●キルギス族のシャーマン クズルス州 新疆ウイグル自治区（中国）2009年 ギュルバハル・ゴジェシュ撮影の写真
62上●エヴェンキ族のシャーマンの帽子 19世紀 パリ ケ・ブランリー美術館
62下●集会所でのトゥヴァのシャーマン クズル 2003年 シャルル・ステパノフ撮影の写真
63●クマにまたがるシャーマン セルクプ族のデッサン E・D・プロコフィエヴァ「セルクプ族のシャーマンの衣装」『人類学・民族学博物館コレクション』11 1949年
64右上●ナナイ族のシャーマン、インキのデッサン 1926年 S・V・イワノフ『19世紀と20世紀初頭のシベリアの住民の具象美術における題材』所収 モスクワ＝レニングラード 1954年
64左●テレウト族の太鼓 M・タクサミ&V・P・ディアコノワ サンクトペテルブルク 1997年
64/65下●ヤクート族のアビの像 モミ材 パリ ケ・ブランリー美術館
65●『シャー・ナーメ』から抜粋した『アカ・マナフ』像 ロシアの版画 年代不詳 個人蔵
66●ウラ・チューベ（タジキスタン）のシャーマンの手引きから抜粋した挿絵 写本 個人蔵
67●ジンの母、シェレトゥルナー ダヴェトナーメの細密画 写本 15世紀 イスタンブール 大学図書館
68/69●祈りを捧げるイスラム教の精霊たち カズウィーニー（13世紀）『創造物の驚異』の細密画 16世紀の写本 イスタンブール 個人蔵
69下●キルギスタンのイスラム教徒の墓地 1996年 ティエリー・ザルコンヌ撮影の写真

## 【第4章】

70●東トゥヴァのシャーマン スストゥグ＝ヘム川流域 オリエン・ミカエル・オルセン撮影の写真 1914年 オリエン・オルセン資料室 ノルウェー国立図書館
71●サモエード族のシャーマン オットー・フィンシュ『1876年の西シベリアへの旅』所収のリトグラフ ベルリン 1879年
72上●馬の犠牲儀礼を行なうハカス族のシャーマン S・D・マジナガセフ撮影の写真 1914年 モスクワ2008年
72/73●人間をむさぼり食う精霊たち チュクチ族のデッサン ワルデマール・ボゴラス『チュクチ族』所収 ライデン ニューヨーク 1904～1910年
73●シャーマンの集会所で治療儀礼 クズル 2003年 シャルル・ステパノフ撮影の写真
74上●カラマツを神聖化するシャーマン スト＝ホリ（ロシア、トゥヴァ共和国）2006年 いけにえにされるヒツジ シャルル・ステパノフ撮影の写真
74下●同上 茶を撒くシャーマン シャルル・ステパノフ撮影の写真
75上●同上 木の根元に精霊をよぶシャーマン シャルル・ステパノフ撮影の写真
75下●同上 神聖化されたカラマツにリボンを結ぶ人びと シャルル・ステパノフ撮影の写真
76●G・N・&E・D・プロコフィエヴァのために1925年から28年のあいだに描かれたセルクプ族のデッサン サンクトペテルブルク 人類学・民族学博物館
77●コリャーク族の儀礼 ジェサップ北太平洋調査でウラジーミル・ヨヘルソンが撮影した写真 1897～1902年（目録337173）ニューヨーク アメリカ自然史博物館
78●東トゥヴァのシャーマン オリエン・ミカエル・オルセン撮影の写真 1914年 オリエン・オルセン資料室 ノルウェー国立図書館

## 出典(図版)

79左●同上
79右●同上
80●ナナイ族(ロシア, アムール川流域)の追悼儀礼 1991年 タチアナ・ブルガコヴァ撮影の写真
81●埋葬儀礼 クズル(ロシア, トゥヴァ共和国) 2007年 スタニスラス・クルバル撮影の写真
82●カザフ族のシャーマンと患者 19世紀末 ジョゼフ・カスタニェ「カザフ族, キルギス族, その他の東テュルク系民族における魔術と悪魔ばらい」所収『イスラム研究評論』第4巻, 報告書1 パリ ポール・グトネ東洋出版 1930年
83●シャーマンの儀礼 クズルス・キルギス自治州 新疆ウイグル自治区(中国) 2004年 ダーヴィド・ソムファイ・カラ撮影の写真 ブダペスト
84●アライ渓谷のキルギス族のシャーマン パミール高原(タジキスタン) 1996年 ティエリー・ザルコンヌ撮影の写真
84/85●シャーマン, ザマンベク テルマン村(カザフスタン) 1994年 ジョゼフ・トルマ撮影の写真(D・ソムファイ・カラと共に行なった調査時のもの)
85上●シャーマン, ナジル・バクシ バランド・チャキール(ウズベキスタン) 1995年 ティエリー・ザルコンヌ撮影の写真
85中●同上
85下●同上

### 【第5章】

86●太鼓にまたがるマガル族のシャーマン ネパール アンヌ・ド・サール撮影の写真 2006年
87●吟遊詩人ネイゼン テヴフィク 20世紀初頭 イスタンブール 個人蔵
88/89●太鼓を燻蒸するシャーマン クズル(ロシア, トゥヴァ共和国) 2003年 シャルル・ステパノフ撮影の写真
89●東トゥヴァのシャーマン, ソイアン・ショーンチュルの太鼓 D・A・フンク『ハンガリー民族学誌』48 (3-4) 2003年
91左上●タジキスタンのシャーマン ウラ・チューベ 1996年 ティエリー・ザルコンヌ撮影の写真
91右上●同上
90/91下●シャーマン 中央アジア 20世紀初頭 タシケント ウズベキスタン 写真資料館
92●コブズを弾く悪魔 ムハンマド・スィヤフ・カラムのものとされるデッサン『ハジーン』写本No.2153 14〜15世紀 イスタンブール トプカプ宮殿図書館
93●コブズを弾くシャーマン, ザマンベク テルマン村(カザフスタン) 1994年 ジョゼフ・トルマ撮影の写真(D・ソムファイ・カラと共に行なった調査時のもの)
94●セリクプ族のシャーマンの衣装(背) サンクトペテルブルク ロシア民族学博物館
95●帽子をかぶったトゥヴァのシャーマン クズル(ロシア, トゥヴァ共和国) シャルル・ステパノフ撮影の写真
96●ヌガナサン族のシャーマン, ツピアク・コステルキンの上着(背) 20世紀初頭 タイミル博物館
96/97●ウデヘ族のシャーマンの儀礼 ハバロフスク 極東シベリア 1930年代 サンクトペテルブルク ロシア民族学博物館
98●CDジャケット フュメラ・トルコ音楽研究グループ製作 イスタンブール 2010年 個人蔵
98/99●欧米人観光客とトゥヴァのシャーマンたち ボラ=ホリ(ロシア, トゥヴァ共和国) 2003年 スタニスラス・クルバル撮影の写真
100●アルタイ山脈のシャーマン 19世紀末〜20世紀初頭の写真

### 【資料篇】

101●ケット族のシャーマンの一家 トゥルハンスク
130●モンゴルのシャーマン 1931年

## 参考文献

『シャーマンの世界』 ピアーズ・ヴィテブスキー著　中沢新一監修　岩坂彰訳　創元社（「人類の知恵」双書）（1996年）

『図説　シャーマニズムの世界』 ミハーイ・ホッパール著　村井翔訳　青土社（1998年）

『シャーマニズム』（上下） ミルチア・エリアーデ著　堀一郎訳　筑摩書房（ちくま学芸文庫）（2004年）

『シャーマニズム　エクスタシーと憑霊の文化』 佐々木宏幹著　中央公論社（中公新書）（1980年）

『シャーマニズムの世界』 佐々木宏幹著　講談社（講談社学術文庫）（1992年）

『日本のシャマニズムとその周辺』 加藤九祚編　日本放送出版協会（1984年）

『堀一郎著作集　第8巻　シャマニズム』 楠正弘編　未来社（1982年）

『エクスタシーの人類学　憑依とシャーマニズム』 I・M・ルイス著　平沼孝之訳　法政大学出版局（1985年）

『シャーマニズムと想像力　ディドロ，モーツァルト，ゲーテへの衝撃』 グローリア・フラハティ著　野村美紀子訳　工作舎（2005年）

『シャーマン　異界への旅人』 ジョーン・ハリファクス著　松枝到訳　平凡社（1992年）

『北アジアの文化の力　天と地をむすぶ偉大な世界観のもとで』 佐藤正衛著　新評論（2004年）

『オロチョン族のシャーマン』 王宏剛／関小雲著　黄強／高柳信夫他訳　萩原秀三郎監訳　第一書房（1999年）

『チベットのシャーマン探検』 永橋和雄著　河出書房新社（1999年）

## CRÉDITS PHOTOGRAPHIQUES

Akg-images / IAM / World History Archive 21. American Museum of Natural History, New York 76. Archives Gallimard 19. Bibliothèque nationale de France, Paris 20, 23, 24, 25. Bridgeman-Giraudon 32. Bridgeman-Giraudon / University Library of Edinburgh 40. Tatiana Bulgakova 80. Coll. part 2$^e$ plat, 15, 18, 28h, 28b, 30, 31, 33, 34h, 37, 41, 42, 44, 47, 48hd, 48bd, 49d, 59h, 60h, 63, 64h, 64m, 65, 66, 67, 69h, 71, 72h, 72-73, 77, 82, 87, 89b, 91b, 92, 98, 122. Corbis / Michel Setboun 27. Corbis / Stapleton Collection 2. Cosmos / Focus / Stanislas Krupar 6-7, 10-11, 81, 99. Ds02006 / Wikimedia Commons 39. Editions Otto Harrassowitz, Wiesbaden 45g, 45m, 45d. Getty Images / Bruno Morandi 17. Gulbahar Ghojesh 61. Andrei Golovnev 51. Hemis.fr / Bruno Morandi 29. Hemis.fr / Jon Arnold 53. Musée du Taymir 96. National Library of Norway 70, 78, 79g, 79d. Naturepl / Eric Baccega 38. Robert Noll 5. REA/Archivo Latino/ A. Balaguer 16. RMN /Hervé Lewandowski 54. Roger-Viollet 26h, 100. Russian Museum of Ethnography, St-Pétersbourg 14, 26b, 46, 48g, 49g, 55, 56, 57, 59b, 60b, 94, 97. Anne de Sales 58, 86. David Somfai-Kara 83. Charles Stépanoff 1$^{er}$ plat, 13, 34bg, 34bd, 36, 50, 62b, 73h, 74h, 74b, 75h, 75b, 89h, 95, 101, 125. Aïtalina Stepanova 43. © Scala, Florence, 2011/Musée du Quai Branly/Patrick Gries-Bruno Descoings 62h. © Scala, Florence, 2011/Musée du Quai Branly dos, 64b. Jozsef Torma et David Somfai-Kara 84-85, 93. Webistan / Reza 52. Thierry Zarcone 69b, 84h, 85h, 85m, 85b, 91hg, 91hd. Sophie Zénon 8-9, 35.

### [著者] シャルル・ステパノフ

人類学者。高等研究実習院(フランス)の「北アジアと北極地方の宗教」講座担当助教授で、社会人類学研究室の研究員でもある。パリの高等師範学校(ENS)卒。博士論文のテーマは「トゥヴァのシャーマニズム」。サンクトペテルブルク教育大学とパリ第4大学で教鞭をとった。彼の研究目的は、シャーマニズム、遊牧生活、人間と動物の関係についての認知の基礎をつくることにある。

### [著者] ティエリー・ザルコンヌ

フランス国立科学研究センター(CNRS)研究ディレクター。トルコと中央アジアで数年間生活した経験があり、その後もくりかえし訪れている。トルコ・イラン世界の宗教史・知性史の専門家で、とくにスーフィズムとシャーマニズムに関心をもっている。『オスマン帝国からトルコ共和国まで』(デクヴェルト・ガリマール、2005年)など著書多数。邦訳に、『スーフィー』(創元社「知の再発見」双書152)(2011年)がある。

### [監修者] 中沢新一(なかざわしんいち)

1950年山梨県生まれ。東京大学大学院人文科学研究科博士課程満期退学。思想家、人類学者。明治大学野生の科学研究所所長。著書に『チベットのモーツァルト』『森のバロック』(講談社学術文庫)、『アースダイバー』(講談社)、『芸術人類学』(みすず書房)、『日本の大転換』(集英社)他多数。近著に『野生の科学』、『大阪アースダイバー』(講談社)がある。

### [訳者] 遠藤ゆかり(えんどう)

上智大学文学部フランス文学科卒。訳書に本シリーズ84, 93, 97, 100, 102, 106〜109, 114〜117, 121〜124, 126〜131, 134, 135, 137〜140, 142〜157、『フランスの歴史[近現代史]』(明石書店)などがある。

---

「知の再発見」双書162　**シャーマニズム**

2014年2月20日第1版第1刷発行

| | |
|---|---|
| 著者 | シャルル・ステパノフ／ティエリー・ザルコンヌ |
| 監修者 | 中沢新一 |
| 訳者 | 遠藤ゆかり |
| 発行者 | 矢部敬一 |
| 発行所 | 株式会社 創元社<br>本　社❖大阪市中央区淡路町4-3-6　TEL(06)6231-9010(代)<br>　　　　　　　　　　　　　　　　 FAX(06)6233-3111<br>URL❖http://www.sogensha.co.jp/<br>東京支店❖東京都新宿区神楽坂4-3煉瓦塔ビル<br>　　　　　　　　　　　　　　　 TEL(03)3269-1051(代) |
| 造本装幀 | 戸田ツトム |
| 印刷所 | 図書印刷株式会社 |

落丁・乱丁はお取替えいたします。
©Printed in Japan　ISBN 978-4-422-21222-7

**JCOPY**〈(社)出版者著作権管理機構 委託出版物〉
本書の無断複写は著作権法上での例外を除き禁じられています。
複写される場合は、そのつど事前に、(社)出版者著作権管理機構
(電話 03-3513-6969、FAX 03-3513-6979、e-mail: info@jcopy.or.jp)
の許諾を得てください。

## ●好評既刊●

**B6変型判/カラー図版約200点**

## 「知の再発見」双書
## 世界の宗教シリーズ17点

㉚十字軍
池上俊一〔監修〕

㊹イエスの生涯
小河陽〔監修〕

㊼イエズス会
鈴木宣明〔監修〕

㊽ローマ教皇
鈴木宣明〔監修〕

⑰キリスト教の誕生
佐伯晴郎〔監修〕

⑮宗教改革
佐伯晴郎〔監修〕

⑱旧約聖書の世界
矢島文夫〔監修〕

⑱聖書入門
船本弘毅〔監修〕

⑲聖母マリア
船本弘毅〔監修〕

⑩テンプル騎士団の謎
池上俊一〔監修〕

⑩モーセの生涯
矢島文夫〔監修〕

⑭死海文書入門
秦剛平〔監修〕

⑯ルルドの奇跡
船本弘毅〔監修〕

⑮シトー会
杉崎泰一郎〔監修〕

⑰フラ・アンジェリコ
森田義之〔監修〕

⑲モン・サン・ミシェル
池上俊一〔監修〕

⑲サンティアゴ・デ・コンポステーラと巡礼の道
杉崎泰一郎〔監修〕